让四季
印在每一个幼儿的
心里

毕爱华——— 主编

吉林人民出版社

图书在版编目（CIP）数据

让四季印在每一个幼儿的心里／毕爱华主编. -- 长春：吉林人民出版社，2023.9

ISBN 978-7-206-20658-0

Ⅰ.①让… Ⅱ.①毕… Ⅲ.①自然教育-教学研究-学前教育 Ⅳ.①G613.3

中国国家版本馆 CIP 数据核字（2023）第 206308 号

让四季印在每一个幼儿的心里

RANG SIJI YIN ZAI MEIYIGE YOU' ER DE XINLI

主　　编：毕爱华

责任编辑：孙　一　　　　　　　装帧设计：书香力扬

出版发行：吉林人民出版社（长春市人民大街 7548 号　邮政编码：130022）

印　　刷：长春市华远印务有限公司

开　　本：880mm×1230mm　1/32

印　　张：7.75　　　　　　　　字　　数：160 千字

标准书号：ISBN 978-7-206-20658-0

版　　次：2023 年 9 月第 1 版　　印　　次：2023 年 9 月第 1 次印刷

定　　价：58.00 元

让四季印在每一个幼儿的心里

编委会

主　编：毕爱华

编　委：王　娟　张玲玲　解文静　李晓芳

目录　CONTENTS

走进自然　探秘春天

课程方案

节气活动

七彩夏天　缤纷童趣

课程方案

节气活动

拥抱自然　约会秋天

课程方案

节气活动

寒风乍起　乐享冬日

课程方案

节气活动

走进自然　探秘春天

　　春天万物复苏，松动的泥土，露头的新芽，轻柔的春风……变幻莫测的自然现象，无时无刻不在吸引着孩子们的眼睛，引发着他们的好奇和探究欲望，于是，我们陪孩子们触摸着"春"的气息，探究着"春"的变化，戏耍着"春"的游戏。

课程方案

大班春季主题活动：最美人间四月天

时值春季，春光温暖，冰雪融化，新柳抽枝，花儿绽放……一切都充满着勃勃生机。在这个万物复苏的季节，与幼儿一起亲近自然，一起去寻找春天的足迹，感受春风的轻拂和阳光的暖意，发现花、草、树木、泥土的变化，倾听春雨淅淅沥沥的声音，体验天气气温的变化带给我们的不同感受。引导幼儿充分感受大自然的美丽和奇妙，让春天的气息充盈在我们身边的每一个空间。

一、活动目标

1. 引导幼儿积极关注周围事物，体验、探究、发现大自然的美和春天季节的变化，并知道春天的基本特征，了解天气的变化与动植物和人们的关系。

2. 认识春季幼儿园的植物并开展种植活动。通过活动培养幼儿热爱自然、积极乐观的生活态度，体验春天带来的新奇和欢乐。

3. 学习用绘画和记录的方法，感知和发现春季气温、人们的活动、动植物生长的变化等。

4. 引导幼儿与大自然互动，积极观察周围事物的变化，寻找春天万物变化的秘密，并鼓励幼儿大胆表现和创造春天的美景。

二、主题网络图

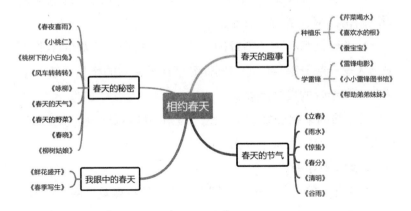

三、活动内容

（一）健康领域

1.《春天的野菜》——了解常见的春季野菜及其营养价值。

2.《春天的天气》——制作春天气温走势图，观察春天的气温变化，并能根据气温的冷热增减衣物。

（二）语言领域

1.《桃树下的小白兔》——理解故事，感受故事中桃花瓣变成多种物品的意境和想象，激发幼儿对大自然探究的兴趣。

2.《小桃仁》——倾听并理解故事内容，了解小桃仁发芽的条件和过程，感受小桃仁成长的快乐心情。

3.《春夜喜雨》——初步理解古诗内容，感受诗人对春雨的赞美，激发幼儿对春天的热爱。

4.《咏柳》——理解古诗内容，感受春风里柳条随风飘摆的自然美景。

（三）社会领域

1. 观看一部《雷锋电影》——了解雷锋乐于助人的故事，萌发向雷锋叔叔学习的意愿。

2. 各班组织"小小雷锋图书馆"——把自己喜欢的图书拿来与大家一起分享，学会与同伴分享自己喜欢的物品，培养乐于分享和奉献的良好品质。

3.《帮助弟弟妹妹》——愿意为弟弟妹妹做一些力所能及的事情，培养幼儿乐于助人的品质。

（四）科学领域

1.《春天的节气》——了解春天的节气特点及风俗习惯。

2.《喜欢水的根》——观察了解植物根的向水性，并做好观察记录。

3.《芹菜喝水》——观察芹菜通过茎吸收水的现象，了解植物是靠根部吸收水、茎部输送水分的，初步学会照顾植物的简单方法。

4.《蚕宝宝》——了解蚕宝宝的生活习性和喂养方法，仔细观察蚕宝宝生长变化，萌发爱护蚕宝宝的情感。

（五）艺术领域

1. 美术活动

（1）《鲜花盛开》——通过观察花的结构和形态，运用点、线、面的手法创作表现各种形状春天的花。

（2）《风车转转转》——选择适合的材料，运用剪、折、装饰等方法进行风车创作，体验创作的乐趣。

2. 音乐活动

（1）《春晓》——能用自然的声音演唱歌曲，感受歌曲积极向上的情绪，获得美的体验。

（2）《柳树姑娘》——用优美、欢快的歌声表现歌曲中情绪的变化，感受春天的气息。

（六）春季写生

师幼讨论，各班自立写生主题如：桃花、牡丹、迎春花等，借助幼儿园内和园外自然资源，根据春季植物变化的时间，各班合理安排好时间开展春季写生活动。

四、亲子活动

最美人间四月天
——大班春游活动

一、活动目标

1. 通过走进自然，开阔幼儿的视野，萌发对大自然的热爱。

2. 观察春天里的花、草、树木等的变化，感受春天的季节特征。

3.通过开展春游，让幼儿体验与老师、同伴、家长共同参与一项集体活动的乐趣，从中感受到团结互助，关爱他人的温暖。

二、活动准备

（一）前期准备

1.向家长说明本次活动的意图，征求家长意见，自愿报名，明确参加人数。

2.园里组织老师提前查看场地，熟悉路线、环境及安全事宜。

3.春游前对幼儿进行相关的安全教育及相关的文明礼仪教育，提高幼儿的安全意识，做到文明出游。（如：不能随意离开本班队伍、不能下水玩耍、不能在马路上随意奔跑、不能跟陌生人走、不要去偏僻的地方玩耍、出游的途中不乱喊乱叫、不乱丢垃圾等。）

（二）幼儿准备

幼儿身穿园服，戴太阳帽，穿运动鞋，携带水壶。

（三）教师准备

1.准备相机、扩音器、垃圾袋、幼儿点名册、幼儿家长联系册、亲子游戏的活动材料。

2.班级教师做好分工，并请志愿者家长配合组织活动。

3.有序组织活动，要有强烈的安全意识，随时清点人数，关注幼儿的活动。

4.准备好在春游过程中引导幼儿进行观察内容的知识储备。（如：春天的树、春天的颜色、春天的花草等。）

三、活动地点

植物园

四、活动过程

（一）活动前

1. 幼儿和家长在指定地点集合。

2. 出发前对孩子进行安全教育，遵守交通规则、有秩序过马路，听从老师指挥不随意离开集体、不在马路上随意奔跑、不跟陌生人走、不去偏僻的地方玩耍等。

（二）活动中

1. 按照春游路线，沿途寻找春天，观察春天的景色。

（1）摸一摸草地，感受春天嫩绿的草地。

（2）观察柳树的颜色、形状，柳芽及柳条像什么？

（3）找一找哪些花开了，是什么颜色的？（主要培养幼儿的观察能力，通过对颜色和形状的对比来感受花朵的不同，同时也要对幼儿进行爱护花草的教育。）

（4）寻找并观察哪些植物是先开花后长叶，哪些是先长叶后开花。

2. 分享精彩镜头与制作标本。

（1）通过观察与发现，用自己的小眼睛、手中的相机记录下周围那些美丽的瞬间，与大家一同分享。

（2）搜集叶片、花瓣制作标本，并与大家一同分享。

3. 户外亲子小游戏，让家长和幼儿都参与到活动中，增进亲子关系。

如：（1）亲子游戏《球拍夹气球接力赛》

道具准备：羽毛球拍 25 副，气球 50 个。

游戏规则：10 个家庭为一组，共为 5 组，首先妈妈在 A

点和孩子用球拍夹好气球，听到哨声后，马上跑向 B 点，孩子再与妈妈合作一起将气球夹着运回 A 点，途中气球掉落可捡起继续游戏，先到达终点者为胜出。

（2）亲子游戏《小袋熊》

游戏规则：10 人一组，分 5 组进行，让孩子双手抱紧爸爸的脖子，双腿夹紧爸爸的腰，像小袋熊一样紧紧挂在爸爸的腰上，两只手像小熊一样挂在爸爸的胸前。爸爸弯下腰，双手双脚着地爬行。最先达到终点的获胜。

4.集体合影，留下美好。

（三）活动延伸

以班级为单位，征集幼儿的摄影作品或标本作品，并以画展的形式展示作品。

五、活动照片

我们出发去春游啦

观看春游途中的风景　　　　　　一起玩游戏真快乐

把春游途中美好景色收入瓶中

中班春季主题活动：春天的聚会

春天是生机盎然的季节，莺歌燕舞，万物复苏；春天是姹紫嫣红的季节，绚丽花朵，百花齐放；春天是风和日暖的季节，冰雪融化，出游踏春，农忙播种。一切都充满着变化，洋溢着美好。让我们充分利用大自然的美好，引领幼儿走进大自然，让幼儿在多彩的季节中感知、欣赏春色的美好，探寻春天生机变化的秘密，体验春天带给人们的快乐，激发幼儿欣赏自然、热爱自然的情感。

一、活动目标

1.走进大自然，了解春天的气温、天气、植物的变化，寻找春天的颜色，发现春天的基本特征。

2.开展种植、养殖活动，如植树、种菜、养殖小动物等，并进行观察记录，感受动植物生长的过程。

3.对春季的事物变化感兴趣，乐意积极主动地探索。

4.绘制春季气温变化表，感知春季气温是由冷到暖，直观感知春季气温的变化。

5.寻找春天的色彩，尝试红、黄、绿相间的色彩和对比色（红绿、黄蓝、橙紫），表现春天大自然的丰富多彩。

二、主题网络图

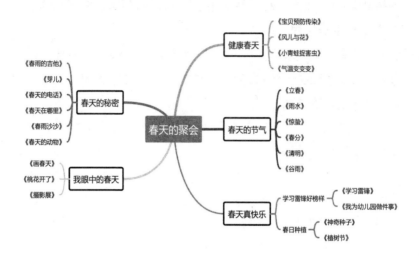

三、活动内容

（一）健康领域

1.《风儿与花》——能够听口令走跑交替100米左右，提高身体的反应能力。

2.《宝贝预防传染》——了解预防传染病的方法，在春季传染病高发期，有自我保护预防的意识。

3.《小青蛙捉害虫》——练习双脚立定跳远（距离不少于40厘米）。

（二）语言领域

1.《春雨的吉他》——理解儿歌内容，欣赏和体会春雨中优美的意境，学会有感情地朗诵；能替换儿歌中的词句进行仿编，体验儿歌创作带来的快乐。

2.《芽儿》——懂得春天的芽儿要在阳光、春风、雨露的呵护和帮助下才能生长；并能用语言和肢体动作表现芽儿的心理感受和生长过程。

3.《春天的电话》——理解故事内容，了解并说出春天的基本特征；学说故事中的对话，并能分角色进行表演。

（三）社会领域

1.《学习雷锋》——初步了解雷锋的乐于助人的故事，感受雷锋高尚的品德。

2.《我为幼儿园做件事》——通过做力所能及的事情，逐步树立起以"学习雷锋"为荣的观念，体验做好事帮助别人的快乐，知道好事要从身边做起。

3.《植树节》——简单了解节日的来历，在教师的帮助下，幼儿尝试种植一株植物。

（四）艺术领域

1. 美术活动

（1）《桃花开了》——学习用油水分离法画桃花，结合春天的特征进行添画，创造性地表现桃花的不同形态。

（2）《画春天》——尝试用点线面的方法表现春天的花、草、树等景物，并喜欢用多种色彩创造性地表达对春天的感受。

2. 音乐活动

（1）《春天在哪里》——感受歌曲中表现出的欢快节奏和活泼情绪，运用身体动作表现对歌词的理解。

（2）《春雨沙沙》——学习用优美、柔和的声音演唱歌曲；感受春雨悄悄下的意境和种子出土发芽的喜悦，并乐意用身体动作进行表现。

3. 摄影展

举办春季幼儿摄影展，每班征集亲子春季远足踏青摄影优秀作品，作品要求：①尺寸为7寸；②作品名称要让幼儿自己命名；③作品内容以植物为主，人文建筑为辅。

（五）科学领域

1.《春天的节气》——初步了解春天节气的时间、来历和风俗。

2.《气温变变变》——连续观察春天的天气，绘制气温走势图，发现春天的气温逐步上升、天气越来越暖的季节特点。

3.《神奇的种子》——观察蔬菜、水果的种子形状、颜色、种植方式，尝试种植，并做好观察记录。

4.《春天的动物》——养殖蝌蚪，观察蝌蚪的成长变化并做好记录、拍摄照片最后绘制成PPT。（在班级内进行观赏）

四、亲子活动

走进春天 与爱同行
——中班春游活动

一、活动目标

1.让孩子走进自然、发现春天大自然的变化，欣赏春天的美景，激发幼儿热爱大自然的情感。

2.通过开展同伴、亲子间的互动游戏，增进同伴、亲子间情感交流，体验集体活动的快乐。

3.引导幼儿爱卫生、爱环境，不随便乱扔垃圾，增强幼儿的环保意识。

二、活动准备

（一）前期准备

1.向家长说明本次活动的意图，征求家长意见，自愿报名，明确参加人数。

2.组织老师提前查看场地，熟悉路线、环境及安全事宜。

3.对幼儿进行相关的安全教育及相关的文明礼仪教育，提高幼儿的安全意识，做到文明出游。（如：不能独自离开成人的视线、不能随地乱扔垃圾等。）

（二）幼儿准备

幼儿穿园服，戴太阳帽，穿运动鞋，带水壶，可带少量零食、湿巾。

（三）教师准备

1.准备相机、扩音器、垃圾袋、幼儿点名册、幼儿家长联系册、亲子游戏的活动材料。

2.班级教师做好分工，请部分家长配合组织活动。

3.有序组织活动，要有强烈的安全意识，随时清点人数，关注幼儿的活动。

（四）活动前知识经验准备

让幼儿观看各种类植物、花卉的照片、视频，了解植物、花卉的颜色、形态。

三、活动地点

植物园

四、活动过程

1. 等待集合　开启春日游

植物园门口清点幼儿人数，统一进入植物园后，开启春游活动。

2. 徒步游园　享春日美景

（1）摸一摸草地，感受春天嫩绿的草地。

（2）观察植物园里树的颜色、形态，说一说柳条像什么？

（3）找一找哪些花开了，说一说是什么颜色的。

3. 趣味游戏　享欢乐时光

选择平坦宽广的草地，家长与幼儿共同参与亲子活动。

如：(1) 亲子游戏《贴膏药》

游戏规则：

①幼儿与家长站成双层圆圈，左右间隔两臂，前后参与者的身体靠近。先由两名幼儿开始，一人圈内为追人者，另一人站圈内为被追者，被追人必须从圈外奔跑，不得穿过圆圈。

②贴人时必须以背部贴靠在别人身前。外层第三人逃开后，共同后退半步，保持圆形队伍。

③凡以手摸到被追者即为追上，此时追与被追者互换角色，游戏重新开始。

④被追的人不得跑离圆圈队伍 3 米以外。

(2) 亲子游戏《齐心协力》

材料准备：报纸

　　游戏规则：家长和幼儿同时套上挖有两个洞的大报纸，请家长和幼儿一起把头伸进洞里，走到终点，纸张不能弄破。

　　4.自主畅游　捕精彩掠影

　　幼儿与家长自主畅游植物园，感受春天的美，感受与小伙伴游园的乐趣，捕捉春的气息，进行自然景观的拍摄，定格游园的美好倩影。

　　5.活动结束

　　清理场地，整理幼儿物品，清点幼儿人数。

小朋友们准备好了

五、活动注意事项

1.请参加活动的家长穿轻便衣服,不要穿高跟鞋。

2.在游园以及亲子游戏中要照看好幼儿,注意安全。

3.游戏活动时,要有序,教育幼儿不拥挤、不追跑、不打闹。

4.活动结束后,请家长带领幼儿将自己所在区域的垃圾清理干净,爱护环境,做好示范和榜样。

5.父母在来园、回家的途中注意交通安全。活动过程中,家长如有事先离开,请务必告知本班教师,不可私自离开。

六、活动照片

望远镜看看周围的风景

野餐的欢乐

亲子游戏

小班春季主题活动：春天来啦

春天多美好，幼儿园的小朋友们也一起出来找春天吧！春季里，带幼儿去户外走走、看看、听听、说说，在大自然中启发幼儿感受美、体验美、丰富其想象力和创造力。感知自然界中丰富多彩的色彩，发现色彩的奇妙变幻，激发幼儿热爱自然、热爱生活的美好情感。

一、活动目标

1. 引导幼儿观察春天的变化，愿意尝试探索春天的秘密。

2. 关心爱护动植物，学习用简单的观察方法，有目的地感知周围的动植物，了解其特征。

3. 能用语言、歌曲、手工等不同形式表达自己对春天的喜爱。

4. 利用周边自然环境，开展丰富多彩的远足、春游等活动。

二、主题网络图

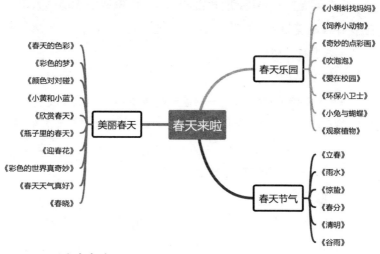

《小蝌蚪找妈妈》
《饲养小动物》
《奇妙的点彩画》
《吹泡泡》
《爱在校园》
《环保小卫士》
《小兔与蝴蝶》
《观察植物》

春天乐园

《春天的色彩》
《彩色的梦》
《颜色对对碰》
《小黄和小蓝》
《欣赏春天》
《瓶子里的春天》
《迎春花》
《彩色的世界真奇妙》
《春天天气真好》
《春晓》

美丽春天

春天来啦

《立春》
《雨水》
《惊蛰》
《春分》
《清明》
《谷雨》

春天节气

三、活动内容

（一）健康领域

1.《小兔与蝴蝶》——练习双脚同时向上跳起触物。

2.《小蝌蚪找妈妈》——练习原地转圈和听信号向指定方向跑。

3.《吹泡泡》——透过泡泡来观察身边的事物，体验发现和游戏的快乐。

4.《果蔬有营养》——春季瓜果蔬菜非常多，懂得多吃蔬菜水果身体好的道理，养成良好的饮食习惯。

（二）语言领域

1.《春天的色彩》——欣赏散文诗，感受春天的美丽；鼓励幼儿大胆表达自己对春天色彩的感受，尝试创编诗歌体验创编的乐趣。

2.《彩色的梦》——理解儿歌内容,感受诗歌优美的意境。

3.《春晓》——初步理解古诗内容,想象诗中描写的景象,感受春天的美景。

(三)科学领域

1. 科学活动

(1)《颜色对对碰》——感知两种颜色配色后发生变化,体验颜色变化后带来的乐趣。

(2)《小黄和小蓝》——对色彩的变化产生兴趣,探索红、黄、蓝三种颜色两两混合的变化。

2. 观察活动

(1)教师带领幼儿观察幼儿园内植物的变化(如:植物发芽过程、树叶的变化,花瓣的形状、颜色、大小等),让孩子感受植物的生长变化。

(2)饲养小动物:在喂养的过程中,体验喂养的快乐,发展幼儿观察、辨别的能力。

(3)家园共育,引导家长周末带孩子走进大自然,感受大自然的变化。和爸爸妈妈一起饲养小动物如:小蝌蚪、蚕宝宝等,一起观察小动物的生长变化。

(四)社会领域

1.《欣赏春天》——知道春天的季节特征,感知春天的美好。

2.《雷锋活动:爱心在校园》——有关爱他人、帮助他人的意识,体验其乐趣。

3.《雷锋活动:环保小卫士》——知道好事是从身边的小事做起。

（五）艺术领域

1. 音乐活动

（1）《彩色世界真奇妙》——学唱歌曲，能用自然、欢快的声音歌唱。

（2）《春天天气真好》——感受歌曲的优美旋律，学习用连贯和跳跃的唱法歌唱；尝试根据歌词的内容用自己喜欢的动作进行表演。

2. 美术活动

（1）《奇妙的点彩画》——运用棉签点画的手法表现，体验棉签点画的乐趣。

（2）《瓶子里的春天》——收集春天的花瓣和树叶，制作美丽的花瓶，提高幼儿对色彩的感知力，培养幼儿的想象力和创造力。

（3）《迎春花》——学会用撕、揉、团、粘贴等方法表现迎春花。

四、亲子活动

绿色畅想，创意盆栽

一、活动目标

1. 通过种植活动，认识多种类的种子，了解种植的一般过程、步骤，发展幼儿观察力、语言表达及动手操作能力。

2. 通过家长参与种植，增进亲子间的互动和亲子情感，体验亲子共同种植的乐趣。

3.创意设计造型不同的花盆，用盆栽扮美幼儿园，培养初步的创造美的意识。

二、活动准备

1.物品准备：土、铲子、抹布、水桶、水、纸笔、胶带、绳或线、树枝、照相机或摄像机、制作拼图、小花盆、种子（各种豆子等五谷类，青菜种子、土豆、白菜根……）。

2.知识准备

（1）知道水果、蔬菜及花草等都有种子。

（2）初步了解种植的步骤。

三、活动形式

亲子共同参与种植活动

四、活动地点

幼儿园户外场地

五、活动过程

（一）认识部分蔬菜与种子，引发幼儿对种子的兴趣。

1.教师出示蔬菜、水果、五谷等种子，提问：小朋友们，你们认识它吗？你们知道它们长大后会变成什么样子吗？（引出蔬菜、水果……）

2.寻找、认识水果的种子。

（1）这是什么水果？

（2）找一找它的种子在哪里？说说它是什么样子的？

3.寻找、认识部分蔬菜或农作物的种子。

（1）你们认识这些蔬菜吗？

（2）看看这些蔬菜种子是什么样子的？（引导家长告诉

幼儿它们的种子在哪里）

（二）了解植物的成长，亲子种植植物。

1.教师示范：清晰种植步骤

讲解种植步骤：首先，将花盆里装满土，在中间挖一个小坑，选择一颗种子，将种子放到小坑里，再用土将种子埋上，稍稍压一压，最后给种子浇点水，放到阳光下，记得每天要把自己的小植物照顾好。

2.动手操作：亲子种植

（1）教师先将种子和果实（或图片）相对应放在桌子上展示，供家长和幼儿前来选择。

（2）每组准备充足的土、水、抹布、铲子等工具。

（3）家长和幼儿一起共同种植自己喜欢的小植物。

（4）注意事项：亲子种植过程中，请爸爸妈妈引导、启发宝宝说出：①你们种的是什么种子？②种子发芽后是什么样子？③要怎样照顾种子才会发芽长大？④会结什么样的果实？

3.制作标签，巩固对种植小植物的认识

（1）家长与宝宝一起制作个性的标签贴在自己种植的花盆上或插在花盆里。

（2）注明：植物名称、主人姓名。

（3）取一粒种子用胶带粘贴到标签或花盆上，有助于幼儿日后对小苗与种子的对比。

（三）装扮幼儿园

分别放到不同的户外自主游戏区。

六、活动照片

小朋友们专心创作

一起来种植

我们做好了

装扮好的幼儿园

节气活动

二十四节气——立春

立春，为二十四节气中的第一个节气。"立"是"开始"的意思；"春"代表着温暖、生长。自秦代以来，中国就一直以立春作为孟春时节的开始。所谓"一年之计在于春"，春是温暖，鸟语花香；春是生长，耕耘播种。

一、活动目标

1. 知道立春是二十四节气中的第一个节气，是一年春季的开始。

2. 了解立春的气候特点及其习俗。

3. 尝试自己种一种植物，体验劳动的乐趣。

二、活动内容

（一）节气由来

古籍《群芳谱》对立春解释为："立，始建也。春气始而建立也。"立春期间，气温、日照、降雨，开始趋于上升、增多。但这一切对全国大多数地方来说仅仅是春天的前奏。

战国后期成书的《吕氏春秋》"十二月纪"中，就有了立春、春分、立夏、夏至、立秋、秋分、立冬、冬至等八个节气名称。这八个节气，是二十四个节气中最重要的节气。标示出季节的转换，清楚地划分出一年的四季。立春到立夏前为春季，立夏到立秋前为夏季，立秋到立冬前为秋季，立冬到立春前为冬季。

（二）节气气候特点

立春期间，气温、日照、降雨，开始趋于上升、增多。但这一切对全国大多数地方来说仅仅是春天的前奏。立春后气温回升，春耕大忙季节在全国大部分地区陆续开始。立春节气，东亚南支西风急流已开始减弱，隆冬气候已快要结束。

中国传统将立春的十五天分为三候："一候东风解冻，二候蛰虫始振，三候鱼陟负冰"，说的是东风送暖，大地开始解冻。立春五日后，蛰居的虫类慢慢在洞中苏醒，再过五日，河里的冰开始融化，鱼开始到水面上游动，此时水面上还有没完全融化的碎冰片，如同被鱼负着一般浮在水面。

（三）节气习俗

1.游春（探春、游行）：游春之后就是可以开始踏青的信号，一直到端午之间都是游春的好时候（立春那日游春叫探春）。

2.民间互相馈送：

（1）春牛：民间艺人制作许多小泥牛，称为"春牛"。送往各家，谓之"送春"。

（2）春牛图：也有的地方是在墙上贴一幅画有春牛的黄

纸。黄色代表土地，春牛代表农事，俗称"春牛图"。

（3）春娃：乡宁等地习惯用绢制作小娃娃，名为"春娃"，佩戴在孩童身上。

3.糊春牛：在家里用米或纸糊成春牛，摆放在家中。

4.贴春字画：家家在门上张贴迎春的字画。字和春字有关，画有蜡梅、迎春之类。

5.饮食习俗

（1）春饼：馅（萝卜，豆芽，豆子，为主）

（2）春盘：主要是蔬菜取生菜瓜果饼糖放盘中为春盘（或拼成盘）馈送亲友或自食取迎春之意。盘里主要有：果品、蔬菜、糖果、饼、饵五种。蔬菜主要有：豆芽、萝卜、韭菜、菠菜、生菜、豆子、鸡蛋、土豆丝。杜甫《立春》："春日春盘细生菜，忽忆两京梅发时。"

（3）春卷（春蚕）：春卷含有蛋白质、脂肪、碳水化合物、少量维生素及钙、钾、镁、硒等矿物质，因卷入的馅料不同，营养成分也有所不同。

（4）咬春（吃萝卜）：立春这一日，中国民间讲究要买个萝卜来吃，叫作咬春。因为萝卜味辣，取古人"咬得草根断，则百事可做"之意。

（四）节气谚语/古诗

1.一年之计在于春——寓意：要在一年开始时多做并做好工作，为全年的工作打好基础。

2.立春天气晴，百事好收成——寓意：如果立春这一天天气晴朗，一定会有一个好收成。

3.吃了立春饭，一天暖一天——寓意：立春以后，天气会逐渐暖和起来。

4.打春下大雪，百日还大雨——寓意：立春了还在下雪，那么立春之后还会有大雨。

（五）节气绘本

1.《立春节》

2.《二十四节气绘本旅行绘本立春》

（六）节气活动

1.用橡皮泥捏春牛

2.家庭种植

在家种植一种植物，每天观察植物的变化并记录。

（七）节气活动照片

观察植物的变化　　　给植物浇浇水

二十四节气——雨水

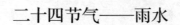

雨水，是春的开始，春雨至，万物生。雨水润泽万物。此时大地回暖，天地间一派开春气象。如果说立春是春天的"序曲"，只是春意刚萌发，还会乍暖还寒的话，那么雨水便进入了春天的第二乐章"变奏"，人们会明显感到春回大地，田野一片生机，正是九九歌中的"七九河开、八九雁来"时节，农民们快要闹春耕了。俗话说，"春雨贵如油"，雨水的到来，提醒人们该为一年的好收成谋划了。

一、活动目标

1. 知道雨水是二十四节气中的第二个节气，了解雨水节气的传统习俗。

2. 观察周围环境中小草的萌芽状况，感受小草顽强的生命力。感受春天的变化。

3. 关注天气的变化，学习记录天气变化的方法。

二、活动内容

（一）节气由来

雨水是二十四节气中的第二个节气。每年的正月十五前后（公历2月18—20日），太阳黄经达330度时，是二十四节气的雨水。此时，气温回升、冰雪融化、降水增多，故取名为雨水。雨水节气时段一般从公历2月18日或19日开始，到3月4日或5日结束。雨水和谷雨、小雪、大雪一样，都是反映降水现象的节气。

《月令七十二候集解》："正月中，天一生水。春始属木，然生木者必水也，故立春后继之雨水。且东风既解冻，则散而为雨矣。"意思是说，雨水节气前后，万物开始萌动，春天就要到了。如在《逸周书》中就有雨水节后"鸿雁来""草木萌动"等物候记载。

（二）节气特点

雨水不仅表明降雨的开始及雨量增多，而且表示气温的升高。雨水前，天气相对来说比较寒冷。雨水后，人们则明显感到春回大地，春暖花开和春满人间。

（三）节气习俗

衣："春捂秋冻"，这是古人根据春季气候变化特点而提出的穿衣方面的养生原则。虽然雨水之季不像寒冬腊月那样冷冽，但由于空气湿润，早晚较冷，人体对风寒之邪的抵抗力会有所减弱，易感邪而致病。所以此时注意"春捂"是有一定道理的。

食：在饮食方面，雨水时节应多吃新鲜蔬菜、多汁水果，少食油腻之物。

行：运动不宜过于激烈，避免因体内能量消耗太过导致肝气一下子往外跑得太多而出现发热、上火等症状。可以散步、打太极拳等比较轻松的活动来加强锻炼。

居：静心则气血平稳，心气充沛，方能滋养脾脏，养脾得以健胃。雨水节气天气多变，一定要保持心境的平和常态，以养元气。

（四）节气的古诗

春夜喜雨

杜　甫

好雨知时节，当春乃发生。
随风潜入夜，润物细无声。
野径云俱黑，江船火独明。
晓看红湿处，花重锦官城。

早春呈水部张十八员外

韩　愈

天街小雨润如酥，草色遥看近却无。
最是一年春好处，绝胜烟柳满皇都。

送元二使安西

王　维

渭城朝雨浥轻尘，客舍青青柳色新。

劝君更尽一杯酒，西出阳关无故人。

（五）节气手工

手绘纸伞：教师准备纸伞面，幼儿自由添画。

（六）节气活动

1. 猜猜雨能下多大？

在户外的角落或者窗台外放一个杯子，在杯子上画上线，线的位置是你认为雨停的时候杯子里的水能到哪里。最接近实际雨量的人获胜！

2. 翻山越岭

用石头或砖块做桥，在水坑处，捡一些石头和砖块搭一座"石桥"，孩子来回走，还可以锻炼平衡感。

3. 制作天气变化图

每天在固定时间内观察天气，读取温度计数据，并将结果记录在表格上。

4. 亲子种植

雨水时节适合种植黄瓜、番茄、茄子、辣椒、西葫芦、甘蓝、菜花和大白菜等蔬菜，家长和孩子可以任选一种进行种植。

二十四节气——惊蛰

惊蛰，古称"启蛰"，这时，春雷响，万物生长，天气变暖，地下冬眠的虫子和动物开始苏醒了，暖阳也有利于万物生长，大地也一派融融春光。

一、活动目标

1. 知道惊蛰是二十四节气中的第三个节气。每年 3 月 5 日或 6 日。

2. 观察春季动物的生活习性和生活环境，体验科学探究的乐趣。

3. 感知春天万物生长的特点，体验种植的乐趣。

二、活动内容

（一）节气由来

惊蛰，是二十四节气中的第三个节气。每年 3 月 5 日或 6 日，太阳到达黄经 345 度时为"惊蛰"。惊蛰的意思是天气回暖，春雷始鸣，惊醒蛰伏于地下冬眠的昆虫。"蛰"是藏的意思。《月令七十二候集解》中说："二月节，万物出乎震，震为雷，故曰惊蛰。是蛰虫惊而出走矣。"晋代诗人陶渊明有诗曰："促春遘时雨，始雷发东隅，众蛰各潜骇，草木纵横舒。"实际上，昆虫是听不到雷声的，大地回春，天气变暖才是使它们结束冬眠，"惊而出走"的原因。

我国古代将惊蛰分为三候："一候桃始华；二候仓庚（黄鹂）鸣；三候鹰化为鸠。"描述已是进入仲春，桃花红、梨花白，黄莺鸣叫、燕飞来的时节。按照一般气候规律，惊蛰前后各地天气已开始转暖，雨水渐多，大部分地区都已进入了春耕。惊醒了蛰伏在泥土中冬眠的各种昆虫的时候，此时过冬的虫卵也要开始孵化。由此可见惊蛰是反映自然物候现象的一个节气。

（二）节气气候特点

"春雷响，万物长"，惊蛰时节正是大好的"九九"艳阳天，气温回升，雨水增多。这时，气温回升较快，长江流域大部地区已渐有春雷。

（三）节气习俗

1. 惊蛰吃梨

惊蛰这个节气万物复苏！惊蛰时节，乍暖还寒，除了注意防寒保暖，还因气候比较干燥，很容易使人口干舌燥、外感咳嗽。所以民间素有惊蛰吃梨的习俗，梨可以生食、蒸、榨汁、烤或者煮水。

2. 蒙鼓皮

惊蛰是雷声引起的。古人想象雷神是位鸟嘴人身，长了翅膀的大神，一手持锤，一手连击环绕周身的许多天鼓，发出隆隆的雷声。惊蛰这天，天庭有雷神击天鼓，人间也利用这个时机来蒙鼓皮。

（四）节气的古诗

义雀行和朱评事

贾　岛

玄鸟雄雌俱，春雷惊蛰余。

口衔黄河泥，空即翔天隅。

一夕皆莫归，哓哓遗众雏。

双雀抱仁义，哺食劳劬劬。

雏既逦迤飞，云间声相呼。

燕雀虽微类，感愧诚不殊。

禽贤难自彰，幸得主人书。

观田家

韦应物

微雨众卉新，一雷惊蛰始。

田家几日闲，耕种从此起。

丁壮俱在野，场圃亦就理。

归来景常晏，饮犊西涧水。

饥劬不自苦，膏泽且为喜。

仓廪无宿储，徭役犹未已。

方惭不耕者，禄食出闾里。

（五）节气绘本

《惊蛰》

（六）节气活动

1. 观察蚂蚁

惊蛰后，冬眠的虫子开始复苏，和幼儿一起去户外寻找不同的虫子进行观察。

2. 种植花生

（七）节气活动照片

土壤松土

香菜播种

二十四节气——春分

春分，是二十四节气中的第四个节气。从春分这天开始，北半球的白昼越来越长，黑夜越来越短。随着气温的一天天升高，风来花开，姹紫嫣红，芳菲斗艳。民间谚语有"春分者，阴阳相半也。故昼夜均而寒暑平""吃了春分饭，一天长一线"。在春风吹拂下，无论南北，皆为"拂堤杨柳醉春烟"的大好时节，也是走出家门，春游踏青，拥抱大自然的好时机。

一、活动目标

1. 认识春分节气，知道春分节气的特点和习俗。

2. 知道"春分立蛋"的习俗，尝试体验立蛋游戏。

3. 观察春季植物特征，并尝试用写生的形式表现，体验在大自然中写生的乐趣。

二、活动内容

（一）节气由来

春分，古时又称为"日中""日夜分"，在每年的 3 月 20 日或 21 日，春分的意义，一是指一天时间白天黑夜平分，各为 12 小时；二是古时以立春至立夏为春季，春分正当春季三个月之中，平分了春季。春分这一天阳光直射赤道，昼夜几乎相等，所不同的是北半球是春天，南半球是秋天，春分是二十四节气中的第 4 个节气，是春季 6 个节气中的第 4 个。

（二）节气气候特点

春分时节，中国各地日气温均稳定升超 0℃。此时严寒已经逝去，气温回升较快，尤其是华北地区和黄淮平原。从气候规律说，这时江南的降水迅速增多，进入春季"桃花汛"期；在"春雨贵如油"的东北、华北和西北广大地区降水依然很少。

中国古代将春分分为三候："一候元鸟至；二候雷乃发声；三候始电。"便是说春分之后，燕子便从南方飞来了，下雨时天空便要打雷并发出闪电。

（三）节气习俗

1. 竖蛋

在每年的春分那一天，世界各地都会有数以千万计的人在做"竖蛋"试验。这一被称为"中国习俗"的玩意儿，何以成为"世界游戏"其玩法简单易行且富有趣味：选择一个光滑匀称、刚生下四五天的新鲜鸡蛋，轻手轻脚地在桌子上把它竖起来。

2. 送春牛

春分随之即到，其时便出现挨家送春牛图的。其图是把二开红纸或黄纸印上全年农历节气，还要印上农夫耕田图样，名曰"春牛图"。送图者都是些民间善言唱者，主要说些春耕和吉祥不违农时的话，每到一家更是随景生情，见啥说啥，说得主人乐而给钱为止。言词虽随口而出，却句句有韵动听。俗称"说春"，说春人便叫"春官"。

3. 粘雀子嘴

春分这一天农民都按习俗放假，每家都要吃汤圆，而且还要把不用包心的汤圆十多个或二三十个煮好，用细竹叉扦着置于室外田边地坎，名曰粘雀子嘴，免得雀子来破坏庄稼。

4. 放风筝

春分当天，大人们也参与。风筝类别有王字风筝，鲢鱼风筝，眯蛾风筝，雷公虫风筝，月儿光风筝，其大者有两米高，小的也有二三尺。市场上有卖风筝的，多比较小，适宜于小孩子们玩耍，而大多数还是自己糊的，较大，放时还要相互竞争看哪个放得高。

（四）节气的古诗

春分日

徐　铉

仲春初四日，春色正中分。

绿野徘徊月，晴天断续云。

燕飞犹个个，花落已纷纷。

思妇高楼晚，歌声不可闻。

癸丑春分后雪
苏　轼

雪入春分省见稀，半开桃李不胜威。
应惭落地梅花识，却作漫天柳絮飞。
不分东君专节物，故将新巧发阴机。
从今造物尤难料，更暖须留御腊衣。

凉州词
王之涣

京口瓜洲一水间，钟山只隔数重山。
春风又绿江南岸，明月何时照我还？

泊船瓜洲
王安石

胜日寻芳泗水滨，无边光景一时新。
等闲识得东风面，万紫千红总是春。

春　日
朱　熹

迟日江山丽，春风花草香。
泥融飞燕子，沙暖睡鸳鸯。

（五）节气绘本

《春分：采春茶》

（六）节气手工

吸管吹画：桃花

（七）节气活动

1. 有趣的蛋宝宝

准备鸡蛋让幼儿进行彩绘竖蛋游戏。

2. 不倒的蛋宝宝

让幼儿思考如何让蛋宝宝摇晃不到，并进行设计比拼。

（八）节气活动照片

观察春天植物的特征

春日写生

二十四节气——清明

清明既是节气，也是我国的传统节日，清明是第五个节气。清明来到，万物凋零的寒冬就过去了，风和日丽的春天真正地开始了。在清明期间，通过各种活动，了解传统风俗，锻炼身体，充分感受春景的美好。

一、活动目标

1. 知道清明是第五个节气，了解其特点和习俗。

2. 了解清明节的来历，知道清明节的节日习俗。

3. 在大自然的互动中体验乐趣，感受亲子间的情感交流。

二、活动内容

（一）节日由来

清明节，是中华民族最隆重盛大的祭祖大节，属于礼敬祖先、慎终追远的一种文化传统节日。清明节历史悠久，源自上古时代的春祭活动，春秋二祭，古已有之。上古干支历法的制定为节日形成提供了前提条件，祖先信仰与祭祀文化是清明祭祖礼俗形成的重要因素。清明节有着久远的历史源头，是传统春季节俗的综合与升华。

（二）节气气候特点

清明是表征物候的节气，含有天气晴朗、草木繁茂的意思。这一时节，吐故纳新、生气旺盛、气温升高，万物皆洁齐，大地呈现春和景明之象，正是郊外踏青（春游）与行清（墓祭）的好时段。常言道："清明断雪，谷雨断霜。"时至清明，华南气候温暖，春意正浓。但在清明前后，仍然时有冷空气入侵。

（三）节气习俗

1. 扫墓

清明节这一天，外出的游子会赶回家中，为逝去的亲子扫墓，在扫墓之前，人们会准备好祭品等。在扫墓时，给亲人的坟墓上清除杂草，并进行修整。扫墓之后，很多人都会插上柳条，以此来表达对故人的思念。

2. 踏青

中华民族自古就有清明踏青的习俗。踏青古时叫探春、寻春等，即为春日郊游，也称"踏春"。一般指初春时到郊外散步游玩。踏青这种节令性的民俗活动，在我国有着悠久的历史。

3. 植树

清明前后，春阳照临，春雨飞洒，种植树苗成活率高，成长快。因此，就有清明植树的习惯。

4. 放风筝

风筝又称"纸鸢""鸢儿"，放风筝是清明时节人们所喜爱的活动。

5. 插柳

清明节，中国民间有插柳习俗。

（四）节气的古诗与谚语

1. 古诗

清　明

杜　牧

清明时节雨纷纷，路上行人欲断魂。

借问酒家何处有？牧童遥指杏花村。

2. 谚语

雨打清明前，春雨定频繁。

阴雨下了清明节，断断续续三个月。

清明难得晴，谷雨难得阴。

雨打清明前，洼地好种田。

（五）节气绘本

《清明节》

（六）节气活动

1. 编柳条花环

2. 亲子春游

（七）节气活动照片

制作菊花思故人

放风筝

二十四节气——谷雨

谷雨是二十四节气中的第六个节气，也是春季里的最后一个节气。正值谷雨节气，充分利用这一教育契机开展了"谷雨"活动，引导孩子们了解节气、关注时令、热爱生活、热爱大自然。

一、活动目标

1. 知道谷雨是二十四节气中的第六个节气，也是春天的最后一个节气。

2. 了解天气变化与人们生活和活动的关系。

3. 体验雨中漫步，嬉戏的乐趣。

二、活动内容

（一）节气由来

谷雨是"雨生百谷"的意思，每年4月20日或21日太阳到达黄经30度时为谷雨。

谷雨时节，南方地区"杨花落尽子规啼"，柳絮飞落，杜鹃夜啼，牡丹吐蕊，樱桃红熟，自然景物告示人们：时至暮春了。

（二）节气气候特点

谷雨的天气最主要的特点是多雨，有利于谷物生长。

中国古代将谷雨分为三候："第一候萍始生；第二候鸣鸠拂其羽；第三候为戴胜降于桑。"是说谷雨后降雨量增多，浮萍开始生长，接着布谷鸟便开始提醒人们播种了，然后是桑树上开始见到戴胜鸟。

（三）节气习俗

1. 谷雨赏花

"唯有牡丹真国色，花开时节动京城。"谷雨前后是牡丹花开的重要时段，因此牡丹花也被称为谷雨花。

2. 谷雨品茶

"喝谷雨茶"也是一项重要习俗。谷雨茶也称为雨前茶，是谷雨时节采制的春茶。茶树经过一冬休憩，又经过清明最清净明洁的雨水润养，谷雨时肥肥嫩嫩，枝叶里满是氨基酸和维生素。谷雨饮茶，能清火、明目、对健康有益。所以人们都会在谷雨天喝茶。

3. 谷雨饮食

饮食是一种文化。我们讲究在什么时节做什么事情，吃什么食物，适合谷雨的美食有很多，如菠菜、香椿、菠萝、草莓等。

4. 谷雨播种

谷雨是春季的最后一个节气。田中的秧苗初插、作物新种，最需要雨水的滋润，所以说"春雨贵如油"。在这多雨天来临前，最适合播种玉米、黄豆、土豆、花生等旱地农作物。

5. 谷雨兴蚕事

如谷雨三候所言，戴胜鸟站在桑树枝头，桑树枝繁叶茂，正是养蚕的好时节。

（四）节气谚语/古诗

1. 农谚

谷雨到，布谷叫，前三天叫干，后三天叫淹。

过了谷雨，不怕风雨。

谷雨麦挑旗，立夏麦头齐。

谷雨前，清明后，种花正是好时候。

谷雨有雨兆雨多，谷雨无雨水来迟。

谷雨在月尾，寻秧不知归。

谷雨有雨好种棉。

谷雨种棉家家忙。

过了谷雨种花生。

苞米下种谷雨天。

谷雨下秧，大致无妨。

谷雨前后，种瓜点豆。

谷雨前结蛋，谷雨后拉蔓。

2. 古诗

送前缑氏韦明府南游

许 浑

酒阑横剑歌，日暮望关河。

道直去官早，家贫为客多。

山昏函谷雨，木落洞庭波。

莫尽远游兴，故园荒薜萝。

谢中上人寄茶

齐 己

春山谷雨前，并手摘芳烟。
绿嫩难盈笼，清和易晚天。
且招邻院客，试煮落花泉。
地远劳相寄，无来又隔年。

（五）节气绘本

《谷雨·养蚕忙》《这就是二十四节气·谷雨》

（六）节气手工

制作布谷鸟：用色彩鲜艳的纸做一个美丽的折纸作品——《可爱的布谷鸟》。

（七）节气活动

1. 谷雨捉虫

2. 雨中漫步

3. 制作天气变化图

（八）节气活动照片

种豆得豆

品谷雨茶

赏牡丹

制作牡丹

雨后嬉戏

七彩夏天　缤纷童趣

　　四季轮回，岁月流转，夏天如约来到我们的身边。夏天是热热的，火辣辣的太阳，大滴大滴的汗珠；夏天是彩色的，五颜六色的夏装，浓郁茂密的大树；夏天是有趣的，雨中玩耍，游泳嬉戏；夏天是甜甜的，好吃的水果，各种各样的冷饮；夏天是新奇的，电闪雷鸣，蝉鸣蛙叫。这一切的一切是那么特别而富有吸引力。

课程方案

大班夏季主题活动：热闹的夏天

一、主题网络图

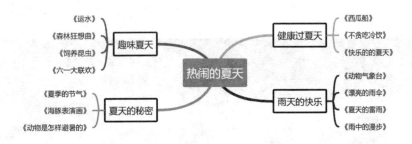

二、活动内容

（一）语言领域

《西瓜船》——细致观察图片，根据自己的理解，大胆想象，能用连贯的语言有条不紊地讲述画面的内容。

（二）社会领域

《快乐的夏天》——理解故事内容，懂得蟋蟀感觉快乐的原因体验故事所表现的夏天的美好意境。

（三）科学领域

1.《饲养昆虫》——学习饲养照顾昆虫，了解它们的基本特征和生活习性。

2.《动物气象台》——了解小花蛇、燕子等动物在下雨前的特殊表现，知道动物是怎样预报天气的。

3.《动物是怎样避暑的》——了解羚羊、河马、小狗、松鼠等物避暑的方法。

（四）健康领域

1.《运水》——练习持物走，保持身体平衡。

2.《不贪吃冷饮》——知道多吃冷饮的危害，懂得夏天的自我保护身体健康的方法。

（五）艺术领域

1.《森林狂想曲》——能创造性地用语言、动作、表情大胆表现对乐曲的理解和体验。

2.《夏天的雷雨》——学唱歌曲，唱好切分音，学习用不同动作表现闪电、打雷和下雨。

3.《海豚表演画》——欣赏海豚表演时的多种动态，感知海豚的外形特征及不同的动态。大胆创作海豚不同的动作造型。

4.《漂亮的雨伞》——探索布的防水性，知道不同的布吸水性不同。

三、亲子活动

大班"六一"梦想秀活动

一、活动背景

小小的绘本《等我长大了》让大班孩子的注意力聚焦在了"梦想"上,于是便引发了有关梦想的一系列活动:认识梦想、讨论梦想、分享梦想、表征梦想,为了给孩子一个展示梦想的机会,本次"六一"活动我们以"梦想"为主题组织"梦想是童年最美的乐章"大班庆"六一"梦想秀活动,让孩子把梦想用实际行动展示出来,为孩子种下梦想的种子。

二、活动目标

1.知道"六一"是全世界小朋友的节日,感受"六一"节的快乐氛围。

2.通过梦想系列活动让幼儿了解自己,建立自己的梦想,并用自己喜欢的方式表达自己的梦想。

3.通过同一个梦想共同展示的方式,培养幼儿的合作意识。

4.引导家长关注孩子的梦想,亲子共同商议展示梦想的方式,以幼儿创想为主家长提供支持。

5.用自己的方式展示梦想,所需材料以废旧物品利用为主,亲子共同制作,培养幼儿的环保意识。

三、参加对象

大班全体幼儿和家长

四、活动地点

幼儿园多功能厅

五、活动准备

（一）经验准备

1.教师对孩子进行梦想大调查，并将"梦想调查"展示到主题展板上。

2.请家长带幼儿通过书籍、影像资料、职业现场了解自己的梦想，并将一些资料分享到班级群。

3.讲述梦想，带给别人的好处或是对社会的贡献。

4.绘制梦想画卷展（要求：材料丰富或水彩画或拼贴画或水粉画）

5.讨论展示梦想的形式及流程。

6.亲子共同设计梦想展示的形式。可以制作服饰、道具及创设职业现场情景，同样的梦想可以有不同展示。

（二）物资准备

1.照相和录像：大班每班邀请一名家长负责照相、一名家长负责录像。

2.音乐、PPT：现场等待音乐、走秀音乐、离场音乐，各梦想主题的ppt，要求职业特点明显，风格各异。

3.主持人：大班幼儿

4.给家长的邀请函：幼儿制作邀请函，请家长现场观看。

5.音响设备、影像设备等提前做好准备。

六、活动流程：

（一）园长致辞

（二）节目表演

第一篇章：我的军人梦

第二篇章：我的育人梦

第三篇章：我的天使梦

第四篇章：我的航天梦

第五篇章：我的设计梦

第六篇章：多彩的梦想

"六一"梦想秀主持词

甲：尊敬的各位家长！

乙：尊敬的园长妈妈！

丙：亲爱的小朋友们！

合：大家上午好！

甲：送去五月的芬芳！

乙：迎来六月的时光！

丙：我们的心像怒放的花朵！

甲：荡起一片欢乐的海洋！

乙：六月，是童年的摇篮，是童年的梦乡。

丙：六月，有童年的沃土，有童年的太阳。

合：六月，是一支欢快的歌，我们迈着喜悦的步子，走进了六月，来到今天这个属于小朋友的节日。

甲：尽管，我们只是一棵幼苗，但我们骄傲地生活在父母的怀抱。

乙：尽管我们只是一颗小星星，但我们幸福地闪亮在老师的身边。

丙：在这美好的节日里，让我们满怀感激之情地说一声——

合：谢谢你们，爸爸妈妈！谢谢你们，园长、老师！

甲：今天大家欢聚在一起。

乙：我们将用智慧与热情，播撒梦想的种子！

丙：我们将用梦幻与彩虹，编织出一个无悔的童年！

合：济南市莱芜实验幼儿园大班庆"六一"梦想秀活动现在开始！

甲：身穿英姿飒爽的军装，踏着整齐的步伐，喊着嘹亮的口号，这是我们无数男孩子心中的梦想，我们梦想穿上军装保卫祖国。请欣赏《我的军人梦》，大家掌声欢迎！

乙：您是骄阳下的清风，您是雨中的屋檐，您是我最亲爱的老师，等我长大了也要像您一样，做一名老师。接下来请欣赏《我的育人梦》，大家掌声欢迎！

丙：假如我是医生，我会研制一种能治百病的药，把世界上所有的病人都治好，假如我是医生，别人会叫我"白衣天使"！请欣赏《我的天使梦》，大家掌声欢迎！

甲：是你在追逐奔月的豪情，是你在攀登天宫的云梯，是你将中国的标记印在浩瀚的星空，等我长大了也要飞进太空，探索宇宙的奥秘。接下来请欣赏《我的航天梦》，大家掌声欢迎！

乙：假如我是设计师，我会设计出最璀璨的珠宝，最华美的服装，最温馨的家。请欣赏《我的设计梦》，大家掌声欢迎！

丙：小草爱做梦，梦是绿绿的；小花爱做梦，梦是红红的；

白云爱做梦，梦是蓝蓝的；小朋友爱做梦，梦是彩色的。接下来请欣赏《多彩的梦》，大家掌声欢迎！

甲：欢乐的时光总是短暂的，又到了和大家说再见的时候了，乙：亲爱的各位家长、小朋友们，济南市莱芜实验幼儿园大班庆六一梦想秀活动到此结束。

丙：感谢各位家长的到来，我们衷心地祝愿在座的每一个家庭。

合：衷心地祝愿小朋友们六一儿童节快乐！

中班夏季主题活动：夏天真有趣

一、主题网络图

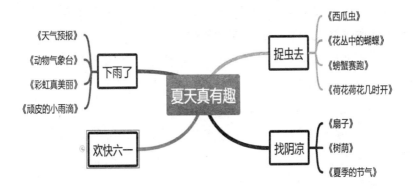

二、活动内容

（一）语言领域

1.《顽皮的小雨滴》——体验散文活泼欢快的情趣，理解运用拟人手法描写小雨滴的语言美和形象美。

2.《树荫》——理解故事内容，感受故事中小熊天真、憨厚的性格特点，了解树荫随太阳位置的变化而变化。

（二）社会领域

《天气预报员》——了解天气预报的知识，能大胆在集体面前预报天气。

（三）科学领域

1.《动物气象台》——理解故事内容，了解小花蛇、燕子等动物在下雨前的特殊表现，知道动物是怎样预报天气的。

2.《西瓜虫》——感知西瓜虫的主要外形特征和生活习性，能运用绘画表征等方法记录。

（四）健康领域

1.《螃蟹赛跑》——能手脚着地侧身爬，发展身体的灵敏性和协调能力，体验合作游戏的快乐。

2.《荷花荷花几时开》——能听信号四散追逐跑、躲闪，提高快跑、躲闪的技能。

（五）艺术领域

1.《彩虹真美丽》——知道彩虹是下雨后出现的自然现象，它是由红、橙、黄、绿、蓝、靛、紫七种颜色组成的。学习用七种颜色画出彩虹。

2.《花丛中的蝴蝶》——能观察并画出蝴蝶在花丛中的不同姿态。

三、亲子活动

激扬旋律　欢快"六一"
——卡通人物亲子走秀活动

一、活动背景

中班的幼儿喜欢卡通人物，喜欢模仿、表演卡通人物，幼儿喜欢的卡通人物善良、勇敢、机智、可爱……因此，我们抓住这次教育契机，结合"六一"儿童节，围绕主题"卡通人物秀"，开展丰富多彩、形式多样的走秀活动，带给孩子们愉快而又难忘的记忆！在系列活动中，幼儿了解卡通人物、创作卡通人物、设计卡通人物服装、表演卡通人物……幼儿园幻化成一个美丽的童话世界，每个孩子都成为童话中的主人公，漫游童话王国……孩子们在美妙的童话世界里徜徉，体验着童话带来的快乐感受。

二、活动目标

1.知道"六一"是全世界小朋友的节日，感受"六一"节的快乐氛围。

2.了解卡通人物的特点，鼓励幼儿大胆进行艺术创作，感受卡通人物给我们带来的乐趣。

3.鼓励幼儿大胆表现、大方表演，从中获得自信、阳光、开朗的品性，体验老师、家长与幼儿一起过节的快乐。

4.整合家庭中的各种资源，发挥家园合作的主体作用，幼儿和家长利用废旧物品共同设计、制作卡通人物，增进亲子感情。

三、参加对象

中班幼儿和家长

四、经验准备

1.了解你喜欢的卡通人物。（说一说、看一看、读一读你知道的卡通人物）

2.了解喜欢的卡通人物的特点。（服装、语言特点、动作、表情、行为）

3.创作卡通人物，举办卡通人物展。

4.表演卡通人物，组织亲子走秀活动。

五、活动地点

1.表演地点：幼儿园户外

2.观众席：幼儿园木桥两侧，东面是野人部落、最炫民族风、芭比甜甜梦，西面是潮流前线、变形金刚。

3.候场：木桥西侧

4.表演路线：从木桥的西侧候场，从桥上走下来，一直到大厅东侧的坡道。

六、物品准备

1.卡通人物创作：根据卡通人物特点准备材料，建议用纸箱、纸盒、丝巾等废旧物品。重点是服饰、头饰、道具的制作。

2.亲子共同设计卡通人物的展示形式。

3.照相和录像：中班每班邀请一名家长负责照相、一名家长负责录像。

4.音乐准备：等待音乐、走秀音乐、离场音乐

5.主持人：家长及幼儿

6.致家长的一封信：由各班班主任负责

7.音响设备、麦克、遮阳布、地毯等做好准备。

8.各班制作精美的班级表演主题牌，表演时家长和幼儿按主题牌就位。

七、活动流程

（一）园长致辞

（二）节目表演

第一篇章：野人部落

第二篇章：最炫民族风

第三篇章：芭比甜甜梦

第四篇章：机器人世界

第五篇章：变形金刚

"六一"卡通人物秀主持词

家：尊敬的各位家长！

幼：亲爱的小朋友们！

合：大家上午好！

家：六月，是童年的摇篮，是童年的梦乡。

幼：六月，有童年的沃土，有童年的太阳。

家：六月，是一支欢快的歌，我们迈着喜悦的步子，走进了六月，来到今天这个属于小朋友的节日。

幼：踏着时代的鼓点，我们大家再次欢聚一堂。

家：在这里，我们共同祝愿小朋友们——

合：六一儿童节快乐！

家：今天，让我们的心像花朵一样怒放，荡起一片欢乐的海洋吧！

幼：团聚，是我们酝酿的友情，团聚的亲情充满着崭新的校园。

家：六一儿童节，我们一起欢度时光，现在，我宣布——

合：济南市莱芜实验幼儿园中班庆"六一"卡通人物亲子走秀活动现在开始！

家：这是一支特殊的流行服饰表演队，这是一场豪华的精神宴会，他们的服装里只有环保，他们的服装里只有绿色。接下来请欣赏亲子时装秀《野人部落》，大家掌声欢迎！

幼：相信每一位小公主都有一个芭比梦，接下来请欣赏走秀《芭比甜甜梦》，大家掌声欢迎！

幼：中华文化源远流长，中华儿女自强奋进，正所谓：最美中国情，最炫民族风。下面请欣赏时装秀《最炫民族风》，大家欢迎！

幼：艺术家说，时尚是一种永远不会过时而又充满活力的一种艺术，是一种可望而不可即的灵感，它能令人充满激情、充满幻想。接下来，请欣赏时装秀《潮流前线》，大家欢迎！

幼：每个孩子都是收藏家，女孩子的芭比娃娃，男孩子的小汽车，不是所有的黄车都叫变形金刚，不是所有的变形金刚都叫大黄蜂，接下来请欣赏我们宝贝别出心裁的时装秀，纸箱《变形金刚》，大家欢迎！

家：在欢快的旋律中，我们迎来了新的期望。美好的童年会给我们留下深刻的印象，共同祝愿每个人都拥有一个金色的童年吧！

幼：我宣布，中班庆"六一"卡通人物亲子走秀活动圆满结束！

家：再一次衷心地祝愿小朋友们六一儿童节快乐！

幼：欢乐的时光总是短暂的，又到了和大家说再见的时候了，家：亲爱的各位家长、小朋友们，莱芜实验幼儿园中班亲子走秀活动到此结束，感谢各位家长的到来，我们衷心地祝愿在座的每一个家庭幸福美满。

合：六一快乐！

八、活动照片

设计卡通人物

制作卡通人物

卡通人物展

卡通人物展　　　　　　　　　　卡通人物走秀

装饰卡通人物

卡通人物走秀

卡通人物走秀

小班夏季主题活动：快乐一夏

一、主题网络图

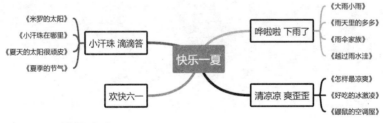

二、活动内容

（一）语言领域

1. 儿歌：《夏天的太阳很顽皮》——理解儿歌内容，感受夏天太阳的火辣，了解几种夏天防晒、保护皮肤的方法。

2. 故事《雨天里的多多》——感受雨天给人们带来的乐趣，学会使用雨伞。

3. 故事《鼹鼠的空调屋》——理解故事内容，知道空调是避暑的好帮手，但不能过于贪凉。

（二）社会领域

《小汗珠在哪里》——了解身边冒着酷暑工作的人们的辛劳，学会感恩，尊重并珍惜他们的劳动成果。

（三）科学领域

1.《雨伞家族》——能按照自己编排的规律进行模式排序，如：ABABABAB、ABBABBABBABB、ABCABCABC 等。

2.《怎样最凉爽》——了解多种夏天避暑降温的方法，懂得在炎热的夏季做好自我保护。

（四）健康领域

《越过雨水洼》——遵守游戏规则，学会看简单标记，能按箭头方向前进，练习双脚跳、单脚跨的动作。

（五）艺术领域

1.《米罗的太阳》——欣赏米罗的作品，感受大面积的红色给人带来的热烈的感受，尝试用大的色块创作作品。

2.《大雨小雨》——能选择自己喜欢的乐器表现大雨和小雨，能随音乐有节奏地演奏。

3.《好吃的冰激凌》——欣赏、感知多种冰激凌的色彩和形状，自主选择喜欢的方式制作冰激凌，体验成功的喜悦。

三、亲子活动

快乐"六一"童食汇

美丽宜人的六月悄然而至，在这花香四溢、欢声笑语的日子里，我们迎来了一年一度的"六一"儿童节。小班小朋友是第一次在幼儿园过"六一"儿童节，为让小朋友感受到节日的欢乐，用舌尖品味不同的美食，家长和幼儿共同制作美食，一起与小朋友们分享美食，度过一个美好、难忘、有意义的"六一"儿童节。

一、活动背景

"六一"儿童节是全世界儿童的盛大节日，在活动之前我们了解到孩子们希望自己的"六一"要好玩的，好吃的，老师满足孩子们的兴趣和需要，举办以美食为主题的"六一"庆祝活动，让孩子们度过一个意义非凡的六一，感受六一的快乐，享受美食的乐趣。通过活动帮助幼儿初步了解饮食文化，培养制作美食的兴趣，同时，感受与家长共同欢度节日的快乐。

二、活动目标

1.知道"六一"是小朋友的节日，主动说出自己喜欢吃的美食的名称，并与小朋友们分享喜欢的原因。

2.了解自己喜欢吃的美食，与家长共同探究食品所需的材料和做法。

3.幼儿与家长共同制作美食、展示美食、品尝美食，体验与家长共同欢度节日的乐趣。

三、活动准备

（一）幼儿经验准备

1.了解什么是"六一"儿童节，调查孩子希望怎样过六一。

2.让幼儿说说自己喜欢吃的食物、味道、食材及制作过程，说一说喜欢的原因。

3.邀请家长参与讨论幼儿喜欢的美食，共同研究美食的食材和做法。

4.老师与孩子们一起讨论自己想象中的"六一"环境，邀请孩子们一起用自己的方式装扮教室，充满期待地迎接"六一"儿童节。

（二）教师准备

1.教师制作棉花糖树，给幼儿准备节日惊喜。

2.教师给家长发送庆"六一"电子邀请函。

3.举办"快乐六一·童食汇"开幕式，准备开幕式节目。

小班舞蹈：《蓝天下的爱》

大班：童话剧、非洲鼓表演

中班：篮球操、歌曲串烧

4.做好场地布置、场景布置、入场路线、现场音乐等准备。

5.请家长们准备食材，如：卷饼，果蔬拼盘，寿司，蔬菜沙拉，三明治等食材。制作美食时班级分成四组，每组十人，每组制作一种食物。

6.准备美食展示场地和展示台，要创设欢快的节日氛围，展台精致美观。

7.节日礼物派送，请家委会成员一起讨论孩子们的节日礼物，节日当天由班级老师扮演卡通人物（如猪猪侠、小猪佩奇等孩子们喜欢的卡通人物）进行派送，带给孩子们节日的惊喜。

四、活动地点

幼儿园多功能厅、一楼二号大厅。

五、活动流程

第一篇章——童·欢乐

家长与幼儿盛装出席，在多功能厅观看开幕式节目。

第二篇章——童·食汇

家长与幼儿共同制作美食、分享美食、展示美食、品尝美味的食物，感受美好的时光。

第三篇章——童·惊喜

班级老师装扮成不同的卡通人物派发惊喜礼物。

"快乐六一·童食汇"活动愉快结束，各班合影留念，记录孩子们在幼儿园度过的第一个"六一"儿童节，家长和老师再次为孩子们送上最真诚的祝福。

六、活动照片

绘制食谱

美食汇开幕式

制作美食

品尝美食

节气活动

二十四节气——立夏

　　立夏，是二十四节中第七个节气，夏季的第一个节气，交节时间在每年公历 5 月 5—7 日。历书："斗指东南维，为立夏，方物至此皆长大，故名立夏也。"

　　立夏表示即将告别春天，是夏天的开始。人们习惯上都把立夏当作是温度明显升高，炎暑将临，雷雨增多，农作物进入旺季生长的一个重要节气。

一、活动目标

　　1. 知道立夏是农历二十四节气中的第七个节气，了解立夏的时间和习俗。

　　2. 走进大自然，了解夏季里的植物昆虫，发现有夏天特点的自然密码。

　　3. 能够发挥自己的想象创作蛋壳作品。

二、活动内容

（一）节气由来

立夏是农历二十四节气中的第七个节气，夏季的第一个节气，表示孟夏时节的正式开始；太阳到达黄经 45 度时交立夏节气。斗指东南，维为立夏，万物至此皆长大，故名立夏也。

《月令七十二候集解》："立夏，四月节。立，开始。夏，假也。物至此时皆假大也。"

（二）节气气候特点

按气候学立夏的标准，日气温稳定升达 22℃以上为夏季开始，"立夏"前后，中国只有福州到南岭一线以南地区真正进入夏季，而东北和西北的部分地区这时则刚刚进入春季，全国大部分地区平均气温在 18℃—20℃上下。

华南其余的地区气温为 20℃左右；而低海拔河谷则早在 4 月中旬初即感夏热，立夏时气温已达 24℃以上。

（三）节气习俗

1. 迎夏仪式

"立夏"的迎夏仪式，"夏"是"大"的意思，是指春天播种的植物已经直立长大了。古代，人们非常重视立夏的礼俗。在立夏的这一天，古代帝王要率文武百官到京城南郊去迎夏，举行迎夏仪式。君臣一律穿朱色礼服，配朱色玉佩，连马匹、车旗都要朱红色的，以表达对丰收的企求和美好的愿望。

2. "立夏吃蛋"，这一习俗由来已久。俗话说："立夏吃了蛋，热天不疰夏。"相传从立夏这一天起，天气晴暖并渐渐炎热起来，许多人特别是小孩子会有身体疲劳四肢无力的感觉，食欲减退逐渐消瘦，称之为"疰夏"。女娲娘娘告诉百姓，每年立夏之日，小孩子的胸前挂上煮熟的鸡鸭鹅蛋，可避免疰夏。因此，立夏节吃蛋的习俗一直延续到现在。

3. 立夏称人：人们在村口或台门里挂起一杆大木秤，秤钩悬一根凳子，大家轮流坐到凳子上面秤人。司秤人一面打秤花，一面讲着吉利话。秤老人要说"秤花八十七，活到九十一"。秤姑娘说"一百零五斤，员外人家找上门。勿肯勿肯偏勿肯，状元公子有缘分。"秤小孩则说"秤花一打二十三，小官人长大会出山。七品县官勿犯难，三公九卿也好攀"。打秤花只能里打出（即从小数打到大数），不能外打里。

（四）节气的谚语

立夏栽稻子，小满种芝麻。

门外无人问落花，绿色冉冉遍天涯。

牛喝一个大肚子，就能抵挡一阵子。

先涝后旱，蚂蚱成片。

立夏三日正锄田。

立夏种麻，七股八杈。

人凭饭养，畜凭草养。

（五）节气绘本

1. 《这就是二十四节气——立夏》

2. 《二十四节气旅行绘本（夏）：立夏·尝三鲜》

（六）关于节气的手工

立夏染蛋。

（七）关于节气的游戏

斗蛋游戏：用清水煮熟鸡蛋放凉，用五彩线编制一个网袋，挂于孩子脖子上，蛋分两端，尖者为头，圆者为尾。蛋头撞蛋头，蛋尾击蛋尾，一个一个斗过去，斗破了壳的，认输，然后把蛋吃掉，而最后留下的那个斗不破的，被尊为"蛋王"。

（八）节气活动照片

用画笔描绘着夏天的色彩

缤纷的夏日印象

二十四节气——小满

小满是二十四节气之一，夏季的第二个节气。其含义是夏熟作物的籽粒开始灌浆饱满，但还未成熟，只是小满，还未大满。每年 5 月 20 日到 22 日之间视太阳到达黄经 60 度时为小满。

一、活动目标

1. 知道小满的来历、气候特点以及小满的风俗习惯。

2. 通过品味农谚和相关古诗词带领幼儿感受小满节气的氛围。

3. 观察农场里的小麦、蔬菜等农作物，感知小满节气农作物生长特点。

二、活动内容

（一）节气由来

小满是二十四节气之一，夏季的第二个节气。其含义是夏熟作物的籽粒开始灌浆饱满，但还未成熟，只是小满，还未大满。每年 5 月 20 日到 22 日之间视太阳到达黄经 60 度时为小满。

《月令七十二候集解》："四月中，小满者，物致于此小得盈满。"这时全国北方地区麦类等夏熟作物籽粒已开始饱满，但还没有成熟，约相当乳熟后期，所以叫小满。南方地区的农谚赋予小满以新的寓意"小满不满，干断田坎""小满不满，芒种不管"。把"满"用来形容雨水的盈缺，指出小满时田里如果蓄不满水，就可能造成田坎干裂，甚至芒种时也无法栽插水稻。

（二）节气气候特点

从气候特征来看，在小满节气到下一个芒种节气期间，全国各地都是渐次进入了夏季，南北温差进一步缩小，降水进一步增多。小满前后的主要天气特点就是高温高湿多雨。我国古代将小满分为三候："一候苦菜秀，二候靡草死，三候麦秋至。"是说小满节气后，苦菜已经枝叶繁茂；之后，喜阴的一些枝条细软的草类在强烈的阳光下开始枯死；在小满的最后一个时段，麦子开始成熟。

（三）节气习俗

1. 祭车神

祭车神是一些农村地区古老的小满习俗。在相关的传说里，二车神，是一条白龙在小满时节，人们在水车蓦上放上鱼肉、香烛等物品祭拜，最有趣的地方是，在祭品中会有一杯白水，祭拜时将白水泼入田中，有祝福水源涌旺的意思。

2. 祭蚕

相传小满为蚕神诞辰，因此江浙一带在小满节气期间有一个祈蚕节。我国农耕文化以"男耕女织"为典型。女织的原料北方以棉花为主,南方以蚕理为主。蚕丝需靠养蚕结茧抽丝而得,所以我国南方农村养蚕极为兴盛,尤其是江浙一带。

3. 夏忙会

有些地方还会举办夏忙会,其主要目的是交流和购买生产工具、买卖牲畜、集杂粮食等,会期一般3—5天,届时还会唱大戏以助兴。

小满时节养生:要注意防"湿",尤其是南方地区。其次,饮食宜清淡,以便于消化。要多食用消热利湿的食物,如绿豆粥、荷叶粥、赤豆粥等,以方便将体内湿热之邪排出体外。

小满时节,万物繁茂,生长最旺盛,人体的生理活动也处于最旺盛的时期,消耗的营养物质为四季二十四节气中最多,所以,应及时适当补充,才能使身体五脏六腑不受损伤。此节气的汤品也十分重要,宜绿豆芽蛤蜊汤、苦瓜木棉花牛肉汤、淮山赤小豆节瓜猪月展汤、荠菜生姜鱼头汤、胡椒粒老鸡猪肚汤、西洋参红枣生鱼汤、千斤拔鸡脚汤等,这些汤品具清热、养阴、祛湿、暖胃、温补等功效。

小满时节,气温明显增高,我国大部分地区已经进入夏季。气温升高的同时,雨水也逐渐增多,雨后,气温又会急剧下降,因此要注意增减衣服,以防着凉感冒。

(四)节气的古诗和谚语

1. 古诗

小　满

欧阳修

夜莺啼绿柳，皓月醒长空。
最爱垄头麦，迎风笑落红。

小　满

吴藕汀

白桐落尽破檐牙，或恐年年梓树花。
小满田塍寻草药，农闲莫问动三车。

小　满

长　卿

昨夜玉盘沉大江，夜来忽梦荞麦香。
时人但只餐中饱，莫忘旧时苦菜黄。

2. 农谚

小满不满，干断田坎。
小满不满，芒种不管。
小满小满，麦粒渐满。
小满未满，还有危险。
小满小满，还得半月二十天。

小满不满，芒种开镰。

小满天天赶，芒种不容缓。

（五）节气绘本

《小青蛙与蜻蜓》

（六）关于节气的手工

手工折纸《小青蛙》

（七）关于节气的游戏

1.接力灌溉

幼儿与幼儿接力完成植物灌溉。

2.快乐养蚕忙

体验小满节气习俗养殖桑蚕的快乐。

（八）节气活动照片

颗粒饱满的小麦

蚕蛹动

二十四节气——芒种

芒种是农历二十四节气中的第九个节气，夏季的第三个节气，表示仲夏时节的正式开始；芒种的"芒"字，是指麦类等有芒植物的收获，芒种的"种"字，是指谷黍类作物播种的节令。"芒种"二字谐音，表明一切作物都在"忙种"了。所以"芒种"也称为"忙种"，农民间也称其为"忙着种"。"芒种"到来预示着农民开始了忙碌的田间生活。

一、活动目标

1.了解与芒种有关的习俗，感受芒种节气的各种特征。

2.通过品味农谚和相关古诗词，带领幼儿感受芒种节气。

3.感受农忙时节农人的辛苦，增强对农民的感激之情。

二、活动内容

（一）节气由来

每年 6 月 5 日、6 日或 7 日，太阳到达黄经 75 度时为二十四节气之第九节气芒种。此时节，麦类等有芒作物快收，谷黍类作物忙种。《月令七十二候集解》中说："五月节，

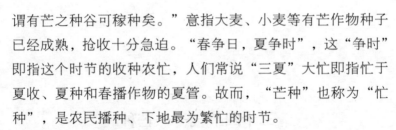

谓有芒之种谷可稼种矣。"意指大麦、小麦等有芒作物种子已经成熟，抢收十分急迫。"春争日，夏争时"，这"争时"即指这个时节的收种农忙，人们常说"三夏"大忙即指忙于夏收、夏种和春播作物的夏管。故而，"芒种"也称为"忙种"，是农民播种、下地最为繁忙的时节。

（二）节气气候特点

芒种时节雨量充沛，气温显著升高。常见的天气灾害有龙卷风、冰雹、大风、暴雨、干旱等。在此期间，大部分地区的人们，一般来说都能够体验到夏天的炎热。

中国古代将芒种分为三候："一候螳螂生，二候鹏始鸣，三候反舌无声。"在此时节，螳螂在上一年深秋产的卵因感受到阴气初生而破壳生出小螳螂；喜阴的伯劳鸟开始在枝头出现，并且感阴而鸣；与此相反，能够学其他鸟鸣叫的反舌鸟，却因感应到了阴气的出现而停止了鸣叫。

（三）节气习俗

1. 送花神

芒种时节，百花开始凋零，民间会在此刻举办祭祀花神仪式，饯送花神归位，同时表达内心对花神的感激之情，盼望来年再相会。

2. 安苗祭

每到芒种，种完水稻，为祈求秋天有个好收成，家家户户会用新麦面蒸发包，把面捏成各种形状作为祭祀供品，祈求五谷丰登、平平安安。

3. 煮梅酒

我国南方，每年五、六月正是梅子成熟的季节，人们会在芒种日煮梅酒。早在三国时期就有"青梅煮酒论英雄"的典故。

芒种健身养生：

（1）精神调养方面，应使自己保持轻松愉快的心情，忌恼怒忧郁，这样可使气机得以宣畅、通泄得以自如。

（2）起居方面，要顺应昼长夜短的季节特点，晚睡早起，适当地接受阳光照射但要避开太阳直射、注意防暑，以顺应旺盛的阳气，利于气血运行、振奋精神；中午最好能小睡一会，时间以30分钟至1个小时为宜，以解除疲劳，利于健康。

（3）天热易出汗，衣服要勤洗勤换，要"汗出不见湿"，因为若"汗出见湿，乃生痤疮"。

（4）要经常洗澡，但出汗时不能立刻用冷水冲澡。不要因贪图凉快而迎风或露天睡卧，也不要大汗而光膀吹风。

芒种期间的饮食宜以清补为主：顾脾胃，少寒凉。避免过多食肉，多吃谷菽菜果。吃苦饮酸，补钾防打盹。

（四）节气的古诗和谚语

1. 古诗

芒　种

长　卿

河阴荠麦芒愈长，梅子黄时水涨江。

王孙但知闲煮酒，村夫不忘禾豆忙。

芒　种

韩　淲

田家一雨插秧时，
成把担禾水拍泥。
分段排行到畦岸，
背蓬浑不管归迟。

时　雨

陆　游

时雨及芒种，四野皆插秧。
家家麦饭美，处处菱歌长。

2. 谚语

老我成惰农，永日付竹床。
衰发短不栉，爱此一雨凉。
庭木集奇声，架藤发幽香。
莺衣湿不去，劝我持一觞。
即今幸无事，际海皆农桑。
野老固不穷，击壤歌虞唐。

（五）节气绘本

《这就是二十四节气·芒种》

（六）关于节气的手工

《芒种餐盘画》

1. 准备所需食材。

2. 取玉米粒备用。

3. 把花叶剪成细长条。

4. 再剪一些小的。

5. 把细长的叶子按照设计好的形状摆放好。

6. 玉米粒摆在上面，做出麦穗的样子。

7. 把小的那些组合起来，摆出蜻蜓。

8. 芒种的餐盘画完成。

（七）关于节气的游戏

1. 四体勤、五谷分

生活在城市里的小朋友们，很少能分清楚麻、黍、稷、麦、菽。所以趁此芒种麦收时节，可以准备几种谷物的实物和图片，让小朋友们熟悉辨认，有条件的可以带孩子到麦田，近距离观察生长在土地里的谷物。

2. 测一测雨水

芒种是夏季的第三个节气。芒种节气的到来，开始进入梅雨季节，持续阴雨，降雨量增多。成人可以孩子一起记录芒种后雨水较之前的变化，和之前节气的记录册对比，了解不同节气里自然界的变化。

收小麦

收杏子

送花神

二十四节气——夏至

夏至，是二十四节气的第十个节气，斗指午，太阳黄经90度；于公历6月21—22日交节。夏至这一天，太阳直射地面的位置到达一年的最北端。几乎直射北回归线，北半球各地的白昼时间长到全年量长。夏至也是一年中正午太阳最高的一天。

一、活动目标

1. 了解夏至的节气时间和气候特点。

2. 用画、剪、贴等方法制作团扇和折扇，感受扇子带来的清凉。

3. 感受夏天的炎热，了解防暑降温的方法。

4. 通过玩水、制作解暑食品等，感受夏天带来的乐趣。

二、活动内容

（一）节气由来

夏至是二十四节气中，最早被确定的一个节气，早在公元前七世纪，人们就用古垚测日影，确定了夏至日北至，日长之至，日影短至，故曰夏至。夏至这天，白天最长，夜间最短。夏为大，至为极，所以叫夏至。夏至也代表着万物到此时，壮大繁茂到极点、阳气也达到极致，预示着炎热夏天的来临。

（二）节气气候特点

1. 对流天气

夏至以后地面受热强烈，空气对流旺盛，午后至傍晚常易形成雷阵雨。这种热雷雨骤来疾去，降雨范围小，人们称"夏雨隔田坎"。

2. 暴雨天气

多数情况，"夏至"期间，正值长江中下游、江淮流域梅雨，频频出现暴雨天气，容易形成洪涝灾害，甚至对人民生命财产造成威胁，应注意加强防汛工作。

3. 江淮梅雨

夏至时节正是江淮一带的"梅雨"季节，这时正是江南梅子黄熟期，空气非常潮湿，冷、暖空气团在这里交汇，并形成一道低压槽，导致阴雨连绵的天气。在这样的天气下，器物发霉，人体也觉得不舒服，一些蚊虫繁殖速度很快，一些肠道性的病菌也很容易滋生。这时要注意饮用水的卫生，尽量不吃生冷食物，防止传染病发生和传播。

4. 高温天气

夏至和冬至一样，都是反映四季更替的节气。天文学上规定，夏至为北半球夏季的开始。夏至过后，虽然太阳直射点开始从北回归线逐渐向南移动，北半球白昼开始逐渐变短，对于北回归线及其以北的地区，正午太阳高度也开始逐日降低，但由于太阳辐射到地面的热量仍比地面向空中散发的多，故在以后的一段时间内，气温将继续升高，因此有"夏至不过不热"的说法。从1951年～2006年的资料来看，北方许多城市的历史极值都出现在夏至后。

（三）节气习俗

1. 面食。自古以来，中国民间就有"冬至馄饨夏至面"的说法，江南一带夏至吃面是很多地区的重要习俗，民间有"吃过夏至面，一天短一线"的说法。南方的面条品种多，如阳春面、干汤面、肉丝面、三鲜面、过桥面及麻油凉拌面等，而北方则是打卤面和炸酱面。"因夏至新麦已经登场，所以夏至吃面也有尝新的意思。"

2. 互赠折扇：夏至日，妇女们互相赠送折扇、脂粉等什物，用来消夏避暑。

3. 绿豆汤：夏至后，气温逐渐升高，人体出汗量也会随之增加，因此人体需水量大。对此，还可以在饮食上加以调节，如喝些绿豆汤、淡盐水等。需注意的是，绿豆汤不要多喝，更不能当水喝。属于寒凉体质和体质虚弱之人也不适宜饮用绿豆汤。

（四）节气的古诗和谚语

1. 谚语：

夏至东南风，平地把船撑。

冬至始打霜，夏至干长江。

冬至江南风短，夏至天气旱。

夏至东风摇，麦子坐水牢。

初头夏至十头割，十头夏至两头割，两头夏至骑拉着割。

2. 夏至九九歌：

夏至入头九，羽扇握在手；

二九一十八，脱冠着罗纱；

三九二十七，出门汗欲滴；

四九三十六，卷席露天宿；

五九四十五，炎秋似老虎；

六九五十四，乘凉进庙祠；

七九六十三，床头摸被单；

八九七十二，子夜寻棉被；

九九八十一，开柜拿棉衣。

3. 古诗

竹枝词

刘禹锡

杨柳青青江水平，闻郎岸上踏歌声。

东边日出西边雨，道是无晴却有晴。

（五）节气绘本

1.《这就是二十四节气·夏至》

2.《跟着二十四节气旅行——夏至》

（六）关于节气的手工

1. 创意水果拼盘

2. 美术：荷花盛开

3. 冰激凌设计大师

（七）关于节气的游戏

水枪大战

美味的姜枣茶

解暑绿豆汤

我眼中的夏至　　　　　声声蝉鸣

二十四节气——小暑

小暑，是二十四节气之第十一个节气，于每年公历 7 月 6—8 日交节，暑，炎热的意思，小暑是小热，表示炎热开始，中国多地自小暑起进入雷暴最多时节，小暑虽然阳光猛烈，高温潮湿多雨，但对于农作物来讲，雨热同期有利于成长。

一、活动目标

1. 知道小暑的节气特点，知道避暑的方法。

2. 学习夏天气温统计的方法。

3. 能够有感情地演唱歌曲。

二、活动内容

（一）节气由来

小暑即为"小热"，意思是此时虽然已经能够感受到天气的炎热，但是并未达到一年内最热，小暑只是炎炎夏日的开始。小暑时节，天气炎热、雷暴频繁，是万物狂长的时节。小暑虽不是一年中最炎热的时节，但紧接着就是一年中最热的大暑大暑，民间有"小暑大暑，上蒸下煮"之说，天气也将越来越闷热和潮湿，灼热铺天盖地，让人无处藏身。时至小暑，开始进入伏天，大地便不再有一丝凉风，风中还会带着热浪。

（二）节气气候特点

小暑时节北半球日照时间逐步缩短，但为何我国大部分地区的气温仍然节节攀升呢？这是因为太阳直射点虽然在南移，但仍然直射北半球，北半球的热量还是收大于支，所以这一段时间内气温还会继续上升。俗话说"热在三伏"，此时正是进入伏天的开始。小暑为小热，还不十分热，到了大暑才是一年中最热的时候。总之，小暑节气的气候特点是天气炎热，雷暴增多。

（三）节气习俗

1. 食新：在旧时，我国南方民间有小暑"食新"的习俗。"食新"是将新打的米、麦等磨成粉，制成各种面饼、面条，邻居乡亲分享来吃，表达对丰收的祈愿。同时，这些新货也要准备一份祭祀祖先。天地是生命的根本，祖先是人类的根本，祭祖是一种传承孝道的习俗。

2. 头伏吃饺子，这是我国北方的习俗，伏日人们食欲不振，往往比常日消瘦，俗谓之苦夏，而饺子在传统习俗里正是开胃解馋的食物。

（四）节气的古诗和谚语

1. 古诗

小暑六月节
元　稹

倏忽温风至，因循小暑来。竹喧先觉雨，山暗已闻雷。
户牖深青霭，阶庭长绿苔。鹰鹯新习学，蟋蟀莫相催。

2. 谚语

小暑小禾黄。

小暑吃芒果。

小暑温暾大暑热。

小暑过，一日热三分。

小暑南风，大暑旱。

小暑打雷，大暑破圩。

小暑惊东风，大暑惊红霞。

六月初一，一雷压九台，无雷便是台。

（五）节气绘本

《这就是二十四节气·小暑》

（六）关于节气的手工

1. 彩绘油纸伞

2. 包头伏饺子

（七）关于节气的探索

1. 夏季天气统计

2. 观察水稻成熟

（八）关于节气的音乐

《夏天的雷雨》

画画我心中的小暑

小暑雨出戏水凉

自制西瓜　清凉一夏

莲藕作画　乐趣无穷

烈日骄阳来晒伏

二十四节气——大暑

大暑，是二十四节气中的第十二个节气，也是干支历未月的下半月；到达时间在公历每年的 7 月 22 日至 24 日之间，太阳到达黄经 120 度时。大暑正值"三伏天"内，是一年中气温最高，潮湿闷热的日子。俗话说"小暑不算热，大暑三伏天"，当阳光席卷整个城市，汗水浸染衣衫，雷雨轰轰，大暑已悄然而至。

一、活动目标

1、通过学习了解"大暑"的由来，了解相关农谚、诗歌及习俗等知识。

2、在进行戏水活动时能够保护自己。

3、体验创作荷花过程带来的快乐，并能够说出荷花的特征。

二、活动内容

（一）节气由来

大暑，是农历二十四节气之第十二个节气，日期在每年公历的 7 月 22—24 日之间，正值中伏前后，是中国大部分地区为一年最热时期，也是喜热作物生长速度最快的时期。大暑期间，中国民间有饮伏茶，晒伏姜，烧伏香，喝羊肉汤等习俗。

（二）节气气候特点

大暑节气正值"三伏"，是我国一年中日照最多、气温最高的时期，全国大部分地区干旱少雨，许多地区的气温达35 度以上。大暑也是雷阵雨最多的季节，高温酷热，长江中下游等地的高温伏旱。中国古代将大暑分为三候："一候腐草为萤；二候土润溽暑；三候大雨时行。"世上萤火虫约有两千多种，分水生与陆生两种，陆生的萤火虫产卵于枯草上，大暑时，萤火虫卵化而出，所以古人认为萤火虫是腐草变成的；第二候是说天气开始变得闷热，土地也很潮湿；第三候是说时常有大的雷雨会出现，这大雨使暑湿减弱，天气开始向立秋过渡。

（三）节气习俗

1. 晒伏姜

伏姜源自中国山西、河南等地。三伏天时，人们会把生姜切片，或榨汁后与红糖搅拌在一起，装入容器中蒙上纱布，放在太阳下晾晒。等充分融合后食用，对老寒、伤风咳嗽等有奇效，还有温暖保健的功效。

2. 喝伏茶

古时候很多农村有个习俗，就是在村口的凉亭里放些茶水，免费给来往路人喝。如今这样的凉亭很少见了，不过在温州，这个几百年前的习俗却保留了下来。那里每天都有专人煮茶，斟好供人们消暑解渴，这种茶当地人便叫"伏茶"。

3. 斗蟋蟀

大暑是乡村田野蟋蟀最多的季节，中国有些地区的人们茶余饭后有以斗蟋蟀为乐的风俗。

4. 饮食

夏季的饮食调养是以暑天的气候特点为基础，由于夏令气候炎热，易伤津耗气，因此常可选用药粥滋补身体。

高温天气尽量不外出，不进行户外体育锻炼或者从事体力劳动。运动量不宜大。要注意开窗通风防暑气，保护好心神，让心静下来，确保精神饱满多吃苦味食物，增加清热解暑健脾利湿食物的摄入像西瓜、莲子、冬瓜等也具有很好的清热解暑作用。扁豆、薏仁具有很好的健脾作用，是脾虚患者的夏日食疗佳品。

（四）节气的古诗和谚语

1. 古诗

销　夏

白居易

何以消烦暑，端居一院中。

眼前无长物，窗下有清风。

热散由心静，凉生为室空。

大　暑

曾　几

赤日几时过，清风无处寻。

经书聊枕籍，瓜李漫浮沉。

兰若静复静，茅茨深又深。

炎蒸乃如许，那更惜分阴。

2.农谚

大暑热不透，大热在秋后。

大暑不暑，五谷不起。

小暑不见日头，大暑晒开石头。

大暑无酷热，五谷多不结。

大暑连天阴，遍地出黄金。

大暑展秋风，秋后热到狂。

（五）节气绘本

《这就是二十四节气·大暑》

（六）关于节气的手工

手工荷叶、荷花

操作方法：三张正方形纸，像折扇子一样折起来。三个折扇组合在一起，荷叶就做好了。将彩纸剪成花瓣，剪成一片片，另一个花瓣中间剪一个洞，一部分重叠粘贴在一起，形成立体的效果，粘贴到荷叶上。把一瓣一瓣的花瓣继续粘贴好，最后粘贴花蕊在中心粘贴花蕊，荷花就做好了。

（七）关于节气的游戏

1. 扔水球比赛

暑船祈福

夏天和凉爽的水球一起玩!

2. 水枪传送杯子比赛

选轻巧的塑料杯,打孔串在绳子上。用水枪滋水杯,使杯子运动,当然最先到达终点的人获胜。

夏虫生生

荫下乘凉

清凉扇子

荧光点点

拥抱自然　约会秋天

秋天，层林尽染，野草芬芳，硕果累累。在秋季课程里，围绕秋叶、秋花、秋果、秋景，引导幼儿与自然"对话"，一起走进秋天，探索秋天的奥秘。

课程方案

大班秋季主题活动：走进秋天

秋天是丰收的季节，是花草树木变换的季节，变化，时刻在幼儿身边悄然发生着。为引导幼儿观察秋天，了解秋天的主要特征及秋季气候、植物的变化，通过欣赏秋天的美，陶冶幼儿的审美情趣，激发幼儿的探索兴趣和热爱大自然的情感，大班级部特开展"秋韵菊香"主题活动。

一、活动目标

1. 走进大自然，通过观察、记录秋天植物的变化，感受秋天的特征。

2. 了解秋季气候特点，通过气温走势图了解气温的变化。

3. 了解秋季的节气，通过节气变化感受天气的变化。

4. 了解中秋节、国庆节节日来源、习俗等，激发幼儿的民族自豪感。

5. 了解菊花的相关知识，引导幼儿认真观察菊花，激发幼儿对菊花的探索兴趣。

二、主题网络图

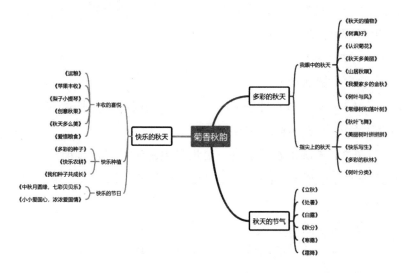

三、活动内容

（一）语言领域

1. 散文诗《树真好》——了解树木的用途与好处，萌发保护树木，爱护自然环境的情感。

2. 散文诗《秋天多美丽》——感受散文诗优美的语句和意境，尝试用恰当的语言描述秋天的美。

3. 故事《梨子小提琴》——理解故事内容，感受音乐的美妙，体验故事中温馨、宁静、友好的情感。

4. 古诗《山居秋暝》——诵读诗歌体会秋天的美景，提高幼儿鉴赏能力。（空山新雨后，天气晚来秋。明月松间照，清泉石上流。）

（二）社会领域

1.《爱惜粮食》——知道粮食来之不易，懂得爱惜粮食。

2.《我爱家乡的金秋》——简单了解粮食的生产过程，初步体验劳动的乐趣与艰辛。

（三）科学领域

1. 种植活动

（1）《多彩的种子》——了解一些植物的生长过程，体会生命的奥秘，感受生命之美。

（2）《快乐农耕》——幼儿自主讨论并确定种植品种，引导幼儿（或邀请家长）在农耕区进行种植活动，体验种植的乐趣。

2. 观察活动

（1）《秋天的植物》——观察秋天植物的变化，培养幼儿感知自然、热爱自然的情感。

（2）《常绿树和落叶树》——关心树朋友的变化，运用对比观察的方法了解常绿树和落叶树的显著特征。

（3）《认识菊花》——知道菊花的名称，了解其明显的外部特征，如：菊花的大小、颜色、气味、叶子的形状等；培养幼儿爱护花草的良好习惯。

3.《秋天的节气》——感受节气的气温变化，了解节气来源及习俗特点，感受中国传统文化的魅力。

4.《树叶的分类》——尝试按照物体的不同特征进行多角度分类，并统计、记录分类结果。

（四）健康领域

1. 体育活动

（1）《运粮》——体会农民伯伯秋天运粮的忙碌景象，能坚持 10 米往返跑，感受奔跑的乐趣。

（2）《和风儿赛跑》——感受秋风的凉爽，能坚持快跑 25 米，感受快跑的乐趣。

（3）《树叶与风》——通过旋转表现秋天树叶飘落的形态，能按照教师口令以不同的速度旋转，并保持身体平衡。

2. 实践活动

《我是天气预报员》——关注天气预报，了解天气预报中的主要信息，学会根据天气变化增减衣服。

（五）艺术领域

1. 创意绘画

《多彩的秋林》——感受秋天树林颜色的绚丽多彩，运用点彩的方法表现树叶色彩的丰富变化。

2. 音乐活动

（1）《秋天多么美》——理解歌词内容，能用自然好听的声音有感情地演唱。

（2）《苹果丰收》——能用拍手、拍腿、跺脚等方式表现乐曲的节奏型，并能看指挥协调一致的演奏，体会苹果大丰收的喜悦。

3. 美术活动

《秋叶飞舞》——能画出秋叶轻盈飘落的样子，感受秋叶飞舞的意境美。

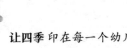

4. 创意手工

《美丽树叶拼拼拼》——观察、收集秋天的树叶，充分发挥想象力，小组合作设计图纸，运用秋叶及辅助材料进行创意拼摆。（地点：大厅前早操位置；材料准备：各种类型的树叶若干，鹅卵石、围巾等辅助材料。流程：幼儿自由分组，各组先制作设计图，再根据图纸拼摆。）

（六）秋季写生活动

师幼讨论，各班自立写生主题，如柿子、石榴、菊花、银杏树等，借助幼儿园内和园外资源，根据秋季植物的变化，各班合理安排好时间开展秋季写生活动。

（七）秋季观察活动

借助科学领域的相关内容开展秋季观察活动：

1.园内，幼儿自己选择观察内容（如：树叶的变化、树干的变化），并用自己喜欢的方式进行记录。

2.家中，家长引导并协助幼儿做好需观察的植物记录（记录的方式如：照片和简单文字，植物变化的图片和简单文字，可制作植物变化的标本和简单文字）观察中请家长及时记录幼儿的语言。制作的观察记录可带回幼儿园与同伴分享、交流。

（八）秋果展活动

收集秋季的水果和农作物，并合理投放到区域，如超市、美工区、生活操作区等供幼儿观察、探索、发现、创作，与幼儿一起讨论，开展秋果展活动。

（九）活动照片

写生柿子

摘柿子

写生山楂

写生银杏树

观察石榴

欣赏秋果展

百果园秋果展

室内秋果展

四、大型活动

大班"秋韵秋实品秋菊"活动方案

秋风送爽，菊花飘香，金色的秋天已悄悄地来到我们的身旁。"不是花中偏爱菊，此花开尽更无花"，那丛丛簇簇的菊花，色彩斑斓，它们姿态各异，生机盎然。在这多彩的秋天里与幼儿一起赏菊、品菊、吟菊、画菊，在欣赏美、感受美的过程中感受传统文化的魅丽和熏陶，让中国传统文化的种子在他们幼小的心里生根、发芽。

一、活动目标

1. 丰富幼儿的认知，了解秋天是菊花盛开的季节；

2. 了解菊花的种类、颜色、形状、作用等特点价值，提高幼儿对菊花的认知度，从说、唱、画、做等多方面表征幼儿自己心中的菊花；

3. 在赏菊、品菊、吟菊、画菊、做菊的过程中，用多种形式表达对菊花的喜爱之情。

二、活动安排

（一）赏菊——亲自然，赏美菊

1. 活动地点：幼儿园户外

2. 活动准备

（1）材料准备

征集菊花：向家长朋友开展"征菊"活动，请家长与幼儿共同挑选自己喜欢的菊花，一盆或多盆都可以，并在花盆上标

明幼儿姓名、班名、菊花品种，带到幼儿园。（"征菊"活动中所需菊花家长自愿购买，活动结束后自愿带回家）

（2）展会布置：教师先与幼儿认识菊花，知道菊花的名字；幼儿商讨如何制作菊花的名牌，并进行制作；商讨菊花展会的布置，由教师协助进行布展。

3. 活动过程

赏菊：从菊花的外貌、特征、生长季节等多个方面充分调动幼儿各种感官，引导幼儿通过看、摸、闻等方式欣赏、了解菊花。每班可安排两名幼儿作为解说员。

（二）画菊、创作菊

1. 活动地点：各班级教室及菊花展位置

2. 材料准备：水粉、马克笔、水粉笔、各色卡纸、彩纸、剪刀、胶水等。

3. 活动过程：组织幼儿进行菊花写生、制作菊花的手工作品，菊花主题墙饰，如：纸杯菊花、泥工菊花；用不同的绘画方式画菊花，可选择水粉、拓印、剪贴等形式创作菊花，利用不同质地的材料做出五彩缤纷的菊花。

（三）品菊

1. 活动地点：班级教室

2. 活动对象：大班全体幼儿及家长代表

3. 活动准备

（1）发送活动通知。

（2）材料准备：菊花酥制作过程PPT，菊花、菊花茶知识PPT、茶具茶杯、桌布、菊花。插花（装饰桌面）、围裙、家长自带制作工具、不同种类菊花茶若干、可食用菊花。

（3）场地准备：班级教室创设清新雅致的班级环境。

（4）音乐准备：各班自定关于秋天或是菊花的背景音乐。

4．活动过程

（1）观看菊花酥制作过程

家长和幼儿共同观看菊花酥的种类和制作过程，分组合作，组内成员讨论设计菊花酥的造型等。

（2）制作菊花酥

六名幼儿一组，每组二至三名家长代表，共同制作菊花酥，将制作好的菊花酥放置于烤盘内，然后进行烤制。

（3）品秋茗

家长代表为幼儿讲解菊花的各类知识、饮用菊花茶的益处，展示泡菊花茶的过程，泡制完成共同品尝菊花茶。

（4）品尝菊花酥

幼儿分组将亲自制作好的菊花酥给长辈品尝。

本次活动，赏菊让孩子们了解和认识了菊花；品菊花茶让孩子知道了菊花的用途和功效；做菊花酥并与长辈分享让幼儿懂得尊敬老人。"尊老爱老"的美好品德已经在幼儿心中生根、发芽，我们会一直关注它的成长。

（四）吟菊

1．活动地点：班级自行选择。

2．活动准备：幼儿熟知和学唱关于菊花的歌曲、儿歌及诗句。

3．活动过程：

开展班级吟菊表演展示。幼儿可以演唱歌曲、朗诵诗词或是儿歌，让每一个幼儿都有展示的机会，通过表演展示进一步加深幼儿对菊花的了解与喜爱之情。

（五）展菊

1. 活动地点：各班级教室

2. 活动准备：幼儿绘画、手工作品、展台、布置道具

3. 活动过程：

将幼儿之前与教师、父母一起通过绘画、手工等形式制作的菊花以展览的方式呈现出来，引导幼儿欣赏自己及同伴制作的多姿多彩的菊花。

（六）活动照片

赏　菊

与菊花合个影

纸杯菊花　　　　　　　　　　巧手绘菊

品菊花茶

美味的菊花酥

品菊花酥

大班国庆节——"庆国庆、颂祖国"活动方案

金秋十月，丹桂飘香，我们迎来了祖国母亲的生日。为弘扬爱国主义精神，引导幼儿了解国庆节的来历，感受节日氛围，萌发热爱祖国的情感，大班级部特此举行"庆国庆、颂祖国"活动。

一、活动目标

1.制作国旗，引导幼儿了解国旗的特征。

2.歌唱《国旗国旗红红的哩》，培养幼儿的民族自豪感。

3.朗诵《五星红旗我爱你》，增强幼儿热爱祖国的情感。

二、活动主题：庆国庆、颂祖国

三、活动时间：9月30日

四、活动地点：幼儿园户外

五、参与人员：大班全体老师和部分幼儿

六、活动准备：

背景音乐、移动音响、国旗、全体师幼穿园服、主持人（大班幼儿）、国旗装饰桥面

七、活动过程

参与幼儿分两部分，一部分朗诵，一部分合唱。

1.朗诵组：幼儿每人拿自制小红旗一面，摆站成"10·1"数字队形，共同朗诵《五星红旗我爱你》。

2.歌唱组：教师、幼儿每人拿自制小红旗一面，站成"❤"的队形，由两名幼儿清唱前两句后，音乐响起，共同合唱歌曲《国旗国旗红红的哩》。

鸟瞰图如下：

（桥面）

（阶梯）10·1

升旗仪式

祖国"70"

搭建长城

大班中秋节主题活动方案

"金秋送爽 丹桂飘香"，迎来了我国的传统节日——中秋节。为让幼儿度过一个快乐的节日，感受传统佳节的文化气息，进一步丰富传统文化知识，感受现代中秋所特有的艺术魅力。在中秋节来临之际，大班特开展"中秋节"主题教育活动。

一、活动目标

1.了解中秋节的来历和习俗，感受中国经典的民族文化。

2.引发幼儿观察月亮的兴趣，培养细心、持久的观察态度。

3.积极主动地参与中秋节活动，体验活动带来的乐趣。

二、活动准备

中秋节主题墙、走廊、教室环创以及关于中秋节区域材料投放

三、活动内容

（一）语言领域

1.中秋节由来《嫦娥奔月》《吴刚伐桂》

2.儿歌《中秋节》、古诗《静夜思》

（二）社会领域

1.《中秋月圆缘，七彩贝贝乐》亲子活动

2.《中秋节的习俗》

（三）科学领域

1.《月亮姑娘做衣裳》

2.绘本《月亮的秘密》

（四）健康领域

1.体育活动《过小桥送月饼》

2.体育活动《躲避"月球"》

（五）艺术领域

1.美术活动：《月亮的遐想》

2.美术活动《好吃的月饼》

3.歌曲：《爷爷为我打月饼》《月亮婆婆喜欢我》

我们一起做月亮

瓦片上绘月亮

我们一起做玉兔

中秋月圆缘，七彩贝贝乐
——大班庆中秋亲子活动方案

一、活动目标

1. 采用中秋诗词竞答的形式，进一步了解中秋节的文化习俗。

2. 通过绘画、欣赏花灯，激发幼儿的想象力，培养动手操作能力，感受中国文化习俗的美。

3. 促进亲子之间的交流，以增进幼儿与父母间的感情。

二、活动准备

1. 场地布置：悬挂"中秋月圆缘，七彩贝贝乐"的横幅；活动后展示灯笼的细铁丝若干。

2. 音乐准备：关于中秋节的儿歌，如：《爷爷为我打月饼》《中秋节》等。

3. 材料准备

（1）PPT（中秋节的诗词）。

（2）为每位幼儿准备一个带提杆的空白灯笼，绘画材料丙烯、水粉颜料、调色盘、绘画笔若干，桌布、抹布每组一份。

三、活动过程

1. 导语

尊敬的家长，亲爱的小朋友们，大家好。八月桂花香，中秋月圆时，在这个充满浓浓亲情的节日里，邀请大家来参加我们班的"中秋月圆缘，七彩贝贝乐"的活动，在此祝大家身体健康，阖家幸福，团团圆圆。

2．中秋诗词大会

游戏规则：

根据班级人数划分为7组，进行诗词对答比赛。教师说出关于中秋诗词的半句，各小组抢答下半句，答对的组可赢取空白灯笼。

但愿人长久，千里共婵娟。——苏轼《水调歌头·丙辰中秋》

嫦娥应悔偷灵药，碧海青天夜夜心。——李商隐《嫦娥》

中秋谁与共孤光。把盏凄然北望。——苏轼《西江月·世事一场大梦》

今夜月明人尽望，不知秋思落谁家。——王建《十五夜望月寄杜郎中》

此生此夜不长好，明月明年何处看。——苏轼《阳关曲·中秋月》

离别一何久，七度过中秋。——苏辙《水调歌头·徐州中秋》

西北望乡何处是，东南见月几回圆。——白居易《八月十五日夜湓亭望月》

忆对中秋丹桂丛。花在杯中。月在杯中。——辛弃疾《一剪梅·中秋无月》

好时节，愿得年年，常见中秋月。——徐有贞《中秋月·中秋月》

绝景良时难再并，他年此日应惆怅。——刘禹锡《八月十五夜桃源玩月》

况屈指中秋，十分好月，不照人圆。——辛弃疾《木兰花

慢·滁州送范倅》

云山行处合，风雨兴中秋。——高适《送魏八》

3．制作灯笼

（1）家长、幼儿共同合作制作灯笼。

（2）鼓励幼儿大胆创作。

4．灯笼展

幼儿将自己做好的灯笼悬挂在展示区，请小朋友向大家介绍自己的作品。

四、全家福合影

此时，我们的心融化在浓浓的亲情里，我们在这里观赏着团圆，我们拥有同一个月亮，祝愿大家幸福健康，团团圆圆，中秋快乐。

中秋诗会

灯笼做完啦

大班"有趣的树叶拼摆画"主题活动方案

秋天的树叶各有不同，为了让幼儿进一步了解树叶的形状和特征，鼓励幼儿寻找收集不同的树叶，尝试用不同的树叶进行图形拼摆，激发幼儿的想象力、创造力，体验美术活动的发现美、创造美、展示美的乐趣，大班级部开展"有趣的树叶拼摆画"活动。

一、活动目标

1. 认识枫叶、梧桐、银杏、柳叶等各种常见的树叶。

2. 能综合运用树叶和辅助材料进行想象创作，激发想象力，培养动手能力。

3. 体验创作过程中的乐趣和成功的喜悦，在观察、创作的过程中激发幼儿对大自然的热爱之情。

二、活动准备

（一）物资准备

1. 教师和幼儿共同收集各种树叶、树枝、树果、花。

2. 剪刀、胶水、彩笔、画纸、相框、笔筒，收集的树叶拼贴图片。

（二）经验准备

1. 认识几种常见树叶。

2. 简单尝试用树叶进行创作。

三、活动过程

1. 认识树叶

（1）创设秋季情景，展示出不同的树叶，引导幼儿欣赏各种形状的树叶，知道它们的大小，形状和颜色不一，可以组合成多种图形。

（2）通过魔术的表演，引导幼儿用自己的语言表达出不同树叶的不同特征，知道将它们拼拼、剪剪，摆摆，能组成一幅幅美丽有趣的图画。

2．创造树叶画

（1）教师出示树叶拼摆作品，引发幼儿的兴趣，激发幼儿创作欲望。

（2）幼儿小组合作商讨、设计树叶拼摆的造型，在画纸上画下设计图。

（3）小组合作进行树叶画拼摆，鼓励幼儿尝试用不同的树叶进行拼摆，大胆创造出不同的造型。

3．分享作品

作品完成后，展示幼儿拼摆画的作品，大家共同欣赏，体验成功的喜悦。

我和我的好朋友一起拼

照设计图来拼摆

中班秋季主题活动：落叶飘飘

秋天是一个多彩的季节，也是一个收获的季节。漫山遍野红叶尽染，枝头上下果实累累，小径田间虫鸟放歌，好一派迷人的金色美景。这是大自然给孩子们独特的馈赠，也是引导幼儿真切感受秋天的美好、亲近自然、探索自然奥秘的大好时机。

一、活动目标

1. 走进大自然，寻找秋天的颜色，感受秋天的特征。

2. 以朗诵、歌唱等多种形式，感受秋天的多姿多彩。

3. 了解秋天的水果、蔬菜的营养价值，懂得多吃水果、蔬菜能增进身体健康。

4. 尝试红、黄、绿相间的色彩，表现出秋天树林色彩的变化。

5. 了解昆虫的生活习性与人们的关系，知道要爱护益虫。

6. 增强幼儿体质、锻炼身体和自我保护意识；培养坚持到底、不怕困难、勇于挑战的意志品质。

二、主题网络图

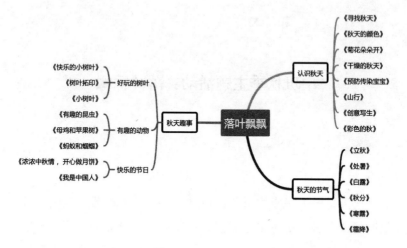

三、活动内容

（一）健康领域

1.《干燥的秋天》——观察秋季人们的服饰变化，感知秋季早晚温差大等气候特征；了解秋天的常见保健常识，知道要关心、照顾自己。

2.《预防传染宝宝》——了解易传染的传染病情况，根据自己的生活经验说出预防疾病的方法；学习一些基本的预防传染病的方法，增强预防疾病的意识。

3.《快乐的小树叶》——学习用身体动作，表现秋叶飞舞飘落的情景；能根据不同的信号，走跑交替做动作。

（二）语言领域

1. 故事《母鸡和苹果树》《蚂蚁和蝈蝈》——理解故事主要情节和线索，学习角色对话，懂得遇事要善于动脑筋；

能根据画面内容展开想象和推测，并用较完整连贯的语言大胆表述。

2. 古诗《山行》——理解诗词的意思，并能想象诗中描写的画面，感受诗人的心情。

3. 散文诗《秋天的颜色》——学习朗诵诗歌，理解、感知诗歌所表现的秋天的多姿多彩；丰富词汇：凉悠悠、绚丽多彩；感受作品的意境，体验秋天的多彩景致带来的美。

（三）社会领域

1.《霜降》——收集有关霜降的故事、民俗；了解霜降节气，喜爱传统节日。

2.《寻找秋天》——感受、体验秋天给人们带来的丰收喜悦；观察自然界的变化和人们的活动，进一步认识秋季特征。

（四）艺术领域

1. 树叶拓印《彩色的秋》——积极参与印画活动，体验印画的特殊美感；学习印画的方法，并尝试用树叶、颜料等材料印画；能大胆根据自己的想象设计出不同的造型。

2. 手工《菊花朵朵开》——尝试看步骤图用纸杯制作"菊花"，发展涂色、剪、卷的手工技能；培养耐心、细致的做事习惯。

3. 歌曲《小树叶》——学习用舒缓和断顿的方式来表现歌曲的不同情绪；尝试自编动作表现歌曲，体会小树叶爱大树妈妈的情感。

4. 写生

师幼讨论，各班自立写生主题，如山楂、石榴、银杏树等，借助幼儿园内和园外资源，根据秋季植物变化的时间，各班合理安排好时间开展秋季写生活动。

（五）科学领域

1. 植物：观察秋天的植物，学习制作标本，各班收集秋天的树叶，举办树叶展。

2.《有趣的昆虫》——观察比较蟋蟀、螳螂的外形特征，了解其生活习性；喜欢探究昆虫的秘密，培养比较观察的能力；了解昆虫的生活习性与人们的关系，知道要爱护益虫。

四、大型活动

中班亲子活动"彩色的秋——树叶拓印"活动方案

大自然是丰富多彩的活教材，它为幼儿的艺术创作提供了天然的素材。《纲要》中提出：丰富幼儿情感，培养初步的感受美、表现美的情趣和能力。教师要充分利用大自然的美好环境，让幼儿在多彩的季节中感受秋天的美丽，激发幼儿欣赏自然、热爱自然的情感。现在正值秋季，当秋叶一片一片从树上飘下来的时候，孩子们对此产生了兴趣。

一、活动目标

1.积极参与印画活动，体验印画的特殊美感；

2.学习印画的方法，并尝试用树叶、颜料等材料印画；

3.能大胆根据自己的想象拼摆不同的造型。

二、场地准备

铺好报纸、画板，预留出大片创作空间。

三、音乐准备

舒缓、轻柔的背景音乐。

四、材料准备

各种形状的树叶（家长与幼儿一起寻找）、水粉笔、颜料（橙、绿、黄）、颜料盘若干、黑色卡纸若干。

五、活动流程

1. 介绍秋天，了解秋天的季节特征

教师为幼儿介绍秋天不同的树叶，了解树叶的组成部分；观察、对比树叶间的不同之处。

教师引导幼儿与同伴和家长共同讨论，如何能留住秋天的美、将树叶的脉络留在画纸上——引出树叶拓印。

2. 拓印画技法展示《彩色的秋》

共同欣赏树叶拓印画，激发幼儿的创作热情。

3. 家长和幼儿一起创作

教师鼓励家长与幼儿一起创作。

4. 分享活动

我们一起来拓印

精彩展示

树叶拓印班级展示

"浓浓中秋情、开心做月饼"活动方案

农历八月十五是我国的传统节日——中秋节。在这一天，大家会通过各种方式来表达心中的愿望，如：挂灯笼、猜灯谜、赏月、吃月饼等。为了让孩子们充分感受中华民族优秀传统文化，增强幼儿对民族文化的认同感和自豪感，培养幼儿的动手实践能力、合作能力，为此，我们开展中秋活动，让幼儿在看看、说说、做做、吃吃的过程中了解中秋节，体验过节的快乐。

一、活动目标：

1. 引导幼儿初步了解中秋节的来历，知道中秋节是我国传统的团圆节。

2. 幼儿与家长积极参与、合作制作月饼、品尝月饼，体验节日的快乐。

3. 促进亲子交流，增进幼儿与家长之间的感情。

二、活动地点：

各班活动室

三、活动对象：

全体幼儿及家长

四、活动准备：

1. 场地准备：

布置环境，悬挂灯笼、水果、菊花等图案营造热闹的节日气氛。

2. 音乐准备：

《爷爷为我打月饼》《感恩的心》

3.物质准备：

（1）环境创设：请家长与幼儿共同收集有关中秋节的资料，一起悬挂灯笼、水果、菊花等饰品营造热闹的节日气氛。

（2）活动签到表、笔、照相机、一次性水杯、牙签、盘子、小刀、制作月饼的材料（和好的面、月饼馅、面板、擀面杖、模具、一次性手套、桌布、围裙、口罩）；制作邀请函，邀请父母来园参加庆祝活动；月饼分享箱；幼儿自带1—2个月饼及少量水果。

五、活动过程：

1.介绍中秋节的来历，简单介绍中秋的习俗（PPT）。

2.制作月饼，体验亲子合作的快乐。

（1）制作环节：邀请月饼制作师傅讲解示范月饼的制作过程，幼儿在家长的帮助下制作月饼。

活动要求：在活动中，家长放手让幼儿去做，必要时进行辅助、指导；活动结束后，整理所有物品，物归原处，保持室内整洁。

（2）月饼烘焙时间：月饼做好后送至食堂进行烘焙，期待着香喷喷的月饼出炉。

3.分享时光。

生活老师将分享箱里的月饼切好，请家长和小朋友分享。

4.欣赏歌曲《感恩的心》，引导幼儿在与家长互动中学会感恩。

5.全家福合影留念。

一起做月饼

分享月饼

美味月饼

品尝美味月饼

中班国庆节主题活动：我是中国人

热爱祖国是每个中国人应有的爱国情感，特别对于孩子们来说，更应将爱国主义教育贯穿于一日生活之中。为此，我们以"祖国妈妈的华诞"为契机，开展一系列形式多样的活动，帮助幼儿了解伟大的祖国，激发幼儿的民族自豪感及热爱祖国的美好情感。

一、活动目标

1. 幼儿知道十月一日是国庆节，初步了解国庆节来历，激发幼儿的民族自豪感。

2. 引导幼儿感受国庆节的气氛，萌发热爱祖国的情感。

3. 鼓励幼儿用多种方式表达对祖国的热爱。

二、活动准备

1. 场地准备：对幼儿园及室内外环境进行布置，凸显国庆节日氛围。

2. 音乐准备：《今天是你的生日》

3. 材料准备：准备幼儿的绘画、手工的工具和材料。

三、活动内容

（一）国庆节的由来

1. 欣赏《今天是你的生日》音频，引出国庆节的话题。

2. 师幼谈话：歌曲里唱的是谁的生日？你们知道祖国妈妈的生日是哪一天吗？

3. 观看《国庆节升旗》视频，了解国庆节的来历，感受人们庆祝祖国妈妈生日的热烈气氛。

（二）我的中国心

1.教师出示国旗图片，引导幼儿了解国旗的特征。

2.师幼共同制作"我的中国心"。

（1）教师出示制作的材料及工具，讲解制作方法，了解中国心的制作步骤。

（2）教师指导幼儿剪贴爱心，共同粘贴完成。

（三）我为祖国妈妈送祝福

1.师幼谈话：祖国妈妈要过生日啦，我们给她送什么礼物呢？（蛋糕、灯笼……）

2.确定礼物并装饰灯笼，幼儿把对祖国的祝福装饰在灯笼上。

3.师幼谈论：如何把祝福送给祖国妈妈呢？

4.师幼设计祝福造型：中国

（四）升旗仪式

组织幼儿参加周一的升旗仪式，让幼儿在庄严的升旗仪式上手持小国旗，同唱一首歌，祝福我们伟大的祖国。以此萌发幼儿热爱祖国、尊敬国旗的情感，增强幼儿的民族自豪感。

手工制作中国心

拼摆"中国"字形

小班秋季主题活动：多彩的秋天

　　随着季节的变化，气温的下降和飘落的树叶将秋季的季节特征显现出来，而这些变化容易引起幼儿的兴趣。为让幼儿在多彩的季节中感受秋天的美丽和收获，激发幼儿关注自然、热爱自然的情感，根据小班幼儿兴趣与实际发展需要，结合季节特征开展"多彩的秋天"秋季主题活动。

一、活动目标

　　1. 感受秋天的天气、气候变化等季节特征。

　　2. 了解秋天的水果、树叶、花等，知道它们的名字和特征。

　　3. 了解中秋节的特点、国庆节节日来历等，激发幼儿对国家、民族的自豪感。

二、主题网络图

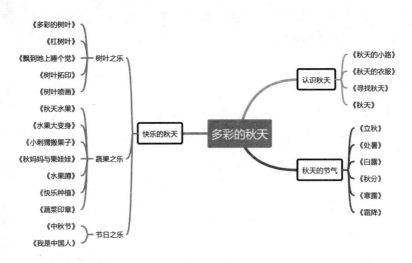

三、活动内容

（一）健康领域

1. 《水果蹲》——练习听信号做动作，锻炼反应能力和倾听力。

2. 户外游戏《杠树叶》——锻炼手部小肌肉，体验与同伴共同游戏的乐趣。

3. 《小刺猬搬果子》——练习弯腰钻和手膝着地爬的基本动作，提高身体的协调性；体验小刺猬运果子的快乐。

（二）语言领域

1. 儿歌《飘到地上睡个觉》——知道秋天到了，树叶会慢慢地飘落，体验与同伴一起游戏的快乐。

2. 故事《秋天的小路》——理解故事内容，初步感受秋天的美。

3. 儿歌《秋妈妈与果娃娃》——理解儿歌内容，认识秋天的水果，感受秋天丰收的喜悦。

（三）社会领域

1.《霜降》——感受霜降节气的气温变化，知道霜降节气的特点、习俗等。

2. 家园共育《寻找秋天》——认识秋天的特征。

3.《秋天的衣服》——知道秋天天气变凉，要多穿衣服。

（四）科学领域

1.《秋天水果》——探索、认识秋天可以吃到的水果。

2.《多彩的树叶》——观察秋天树叶的变化，认识常见的树叶。

3.《快乐种植》——通过种植知道适合秋天种植的农作物。

（五）艺术领域

1. 美术活动

《树叶拓印》——引导幼儿探索发现不同树叶的特征，培养幼儿表现美的能力。

《树叶喷画》——了解喷画的创作方法，感受树叶的不同特征。

《蔬菜印章》——感知不同蔬菜印章画的不同效果，体验创作的快乐。

2. 音乐活动

歌曲《秋天》——学习用自然的声音演唱歌曲，愿意尝试用不同的动作表现树叶飘落的姿态。

观察秋天不同植物的叶子　　　　树叶喷画

树叶拓印　　　　　　　　　　蔬菜拓印

四、大型活动

秋季亲子活动——水果大变身

一、活动目标

1. 巩固对各种水果的认识，体验创作的乐趣。

2. 知道多吃水果有益健康、制作过程中提高幼儿动手能力和想象力。

3. 让幼儿感受亲子活动中温馨的气氛，欣赏水果拼盘的美。

二、活动地点

星星月亮太阳点点班：幼儿园三个大厅内。

硕硕豆豆贝贝班：绘本馆、建构城。

三、活动对象

小班全体家长和幼儿

四、活动准备

1. 场地准备：用长桌、桌布、鲜花进行环境布置。

2. 音乐准备：节奏轻快的钢琴曲。

3. 材料准备：关于水果大变身的 PPT，各种水果、果盘、牙签等辅助材料。

五、活动流程

1. 介绍秋天，引出水果

教师介绍秋天，引导幼儿感受秋天与其他季节的不同之处；通过秋天的丰收，引出五彩缤纷的水果。

2. 水果大变身

通过 PPT 展示，拓宽幼儿的思路，引导幼儿发现水果变身的秘密，激发幼儿对水果制作的兴趣。

3. 亲子创作

鼓励、引导幼儿，与家人一起为水果设想变身秘籍，并大胆尝试创作。

4. 分享活动

以家庭为单位进行创作，并将创作成果进行展示、分享。

精彩展示

我们一起切水果，给水果做造型

小班国庆主题活动：我是中国人

国庆节是祖国妈妈的生日.为了让孩子们更好地了解国庆节的意义，培养对祖国的热爱之情，激起幼儿作为中国人的自豪感，小班级部特开展国庆节系列主题活动。

一、活动目标

1.引导幼儿知道我是中国人，感受国庆节的气氛，萌发热爱祖国的情感。

2.幼儿知道十月一日是国庆节，初步了解国庆节来历。

3.鼓励幼儿用多种方式表达对祖国的喜爱与祝福。

二、活动准备

1.场地准备：以国庆节为主题布置教室、走廊环境。

2.音乐准备：《国旗国旗真美丽》音乐。

3.材料准备：彩纸、胶棒、国旗图片。

三、活动内容

（一）国庆节的由来

1.师幼谈话：小朋友们发现我们教室里有什么变化啊?(引导幼儿观察教室里有关"庆国庆"内容的墙饰)

2.教师介绍国庆节。

3.师幼交流：大家怎样庆祝国庆节。

（二）做国旗、听国歌

1.教师出示国旗图片，引导幼儿认识国旗。

2.师幼共同制作国旗。教师剪，幼儿贴，共同完成。

3.幼儿挥舞国旗，表达对祖国的热爱之情。

4.师幼共同欣赏国歌，引导幼儿用自己的方式表达感受。

（三）国旗国旗真美丽

1.图片导入。教师出示国旗照片，幼儿认识国旗。

2.教师讲解国旗是中国的象征。

3.跟随音乐学唱歌曲"国旗国旗真美丽"，用拍手、拍肩或其他不同的动作打音乐的节奏。

4.尝试有感情地演唱整首歌曲，根据歌词内容，结伴为歌曲配动作造型。

5.教师和幼儿欣赏北京天安门广场升旗仪式视频。

我们一起做国旗

一起粘贴五角星

精彩展示

节气活动

二十四节气——立秋

　　立秋，是"二十四节气"之第十三个节气，秋季的第一个节气。立秋节气阳气渐收，阴气渐长。夏天的余热还未散尽，初秋便早早洒在早晨和傍晚。在这收获的季节里，让我们携着欢愉，一同走进秋天，感受秋天的美丽。

一、活动目标

　　1.了解立秋是秋天的第一个节气，让幼儿知道季节的转换。

　　2.知道立秋的风俗习惯、气候特点、古诗、谚语等。

　　3.运动游戏发展幼儿手眼协调能力，锻炼反应速度和耐力。

二、活动内容

　　（一）节气由来

　　立秋是二十四节气中的第 13 个节气，日期在每年公历的 8 月 7—9 日之间。它是秋天的第一个节气，标志着孟秋时节的正式开始，一般预示着炎热的夏天即将过去，秋季即将来临。立秋是古时"四时八节"之一，民间有祭祀土地神，庆祝丰收的习俗。

（二）节气气候特点

立秋这一天，正是农历的七月，但天气依然很热，立秋之后仍有一"伏"，"秋老虎"依然存在。因此仍旧要注意防暑。但是，大自然还是有了变化。出现了中午热、早晚凉的"杂杂天"，而且"一场秋雨一场凉，十场秋雨就结霜。""立秋"到了，但并不是秋天的气候已经到来了。划分气候季节要根据"候平均温度"，即当地连续 5 日的温度在 22℃以下，才算真正秋天的时节。

我国古代将立秋分为三候："一候凉风至；二候白露生；三候寒蝉鸣。"凉风至：刮风时人们会感觉到凉爽，此时的风已不同于暑天中的热风。白露降：大地上早晨会有雾气产生。寒蝉鸣：秋天感阴而鸣的寒蝉也开始鸣叫。

（三）节气习俗

1. 贴秋膘

民间流行在立秋这天以悬秤称人，将体重与立夏时对比。因为人到夏天，本就没有什么胃口，饮食清淡简单，两三个月下来，体重大都要减少一点。秋风一起，胃口大开，想吃点好的，增加一点营养，补偿夏天的损失，补的办法就是"贴秋膘"，在立秋这天各种各样的肉，炖肉烤肉红烧肉等等，"以肉贴膘"。

2. 晒秋

每年立秋，随着果蔬的成熟，进入了晒秋最旺季节。晒秋是一种典型的农俗现象，具有极强的地域特色。在湖南、江西、安徽等生活在山区的村民，由于地势复杂，村庄平地极少，只好利用房前屋后及自家窗台、屋顶架晒或挂晒农作物，而在我们北方地区，在这个节气前后，都会看到家家户户，田地旁，大路上各种颜色的农作物在晒太阳。久而久之就演变成一种传统农俗现象。

3. 啃秋

"啃秋"在有些地方也称为"咬秋"。在立秋这天吃西瓜或香瓜，称"咬秋"，寓意炎炎夏日酷热难熬，时逢立秋，将其咬住。旧时城里人在立秋当日买个西瓜回家，全家围着啃，就是啃秋了。而农人的啃秋则豪放得多。他们在瓜棚里，在树荫下，三五成群，席地而坐，抱着红瓤西瓜啃，抱着绿瓤香瓜啃，抱着白生生的山芋啃，抱着金黄黄的玉米棒子啃。啃秋抒发的，实际上是一种丰收的喜悦。

4. 立秋节

也称七月节。民国以来，在广大农村中，在立秋这天的白天或夜晚，有预卜天气凉热之俗。还有以西瓜、四季豆尝新、奠祖的风俗。又有在立秋前一日，陈冰瓜，蒸茄脯，煎香薷饮等风俗。

（四）饮食建议

立秋的气候是由热转凉的交接节气，也是阳气渐收，阴气渐长，由阳盛逐渐转变为阴盛的时期，也是人体阴阳代谢出现阳消阴长的过渡时期。因此秋季养生，凡精神情志、饮食起居、运动锻炼、皆以养收为原则。

秋季进补应选用"防燥不腻"的平补之品。具有这类作用的食物有茭白、南瓜、莲子、桂圆、黑芝麻、红枣、核桃等。患有脾胃虚弱、消化不良的人，可以服食具有健脾补胃的莲子、山药、扁豆等。秋季出现口干唇焦等"秋燥症"的气候，应选用滋养润燥、益中补气的食品，这类食品有银耳、百合等，可起到滋阴、润肺、养胃、生津的补益作用。

（五）节气的古诗

立　秋
刘　翰

乳鸦啼散玉屏空，一枕新凉一扇风。
睡起秋声无觅处，满阶梧桐月明中。

立　秋
左河水

一叶梧桐一报秋，稻花田里话丰收。
虽非盛夏还伏虎，更有寒蝉唱不休。

立　秋
徐书信

池水渐凉蝉唱稀，长空雁阵岭南飞。
与君携手花间舞，夜露沾鞋又湿衣。

（六）节气绘本

《这就是二十四节气·立秋》

（七）关于节气的手工

1. 制作秋蝉——折纸

教师准备制作材料，与幼儿一同制作秋蝉折纸。

2. 树叶拼画

（八）关于节气的游戏

1. 杠树叶

寻找秋天里掉落的树叶，一起来游戏吧！

2. 运粮食（体育游戏）

抱着丰收的粮食，看看谁运得又快又多。

秋天来了　　　　　　　　　合作树叶拼画

二十四节气——处暑

处暑，二十四节气之第十四节气，隶属秋季的第二个节气。处者，止也，溽热的暑气，至此，渐渐消退，开始退伏潜藏，以待来年。处暑之后，秋意渐浓，正是郊野迎秋赏景的好时节。

一、活动目标

1. 知道处暑的节气时间是每年的 8 月 22—24 日之间。

2. 知道处暑的风俗习惯、气候特点、古诗、谚语等。

3. 感受大自然现象的多样性，激发幼儿热爱大自然的情感。

二、活动内容

（一）节气由来

处暑，即为"出暑"，是炎热离开的意思，这时三伏已过或近尾声，初秋炎热将结束。处暑是反映气候变化的一个节气。由于"秋老虎"短期回热天气影响，处暑过后仍有持续高温，虽没有夏天酷暑，但仍会闷热，并且干燥。

（二）节气气候特点

1. 辐射减弱

处暑节气，首先应是太阳的直射点继续南移，太阳辐射减弱；二是副热带高压跨越式地向南撤退，蒙古冷高压开始跃跃欲试，出拳出脚，小露锋芒。

2. 秋老虎

秋老虎发生在二十四节气当中的立秋之后，属短期回热天气，就像一只老虎一样蛮横霸道，所以民间称这段时间为"秋老虎"。气温虽高，但是总的来说空气干燥，阳光充足，早晚气温相差不会太高。

3. 干燥

每当冷空气影响中国时，若空气干燥，往往带来刮风天气，若大气中有暖湿气流输送，往往形成一场像样的秋雨。每每风雨过后，特别是下雨过后，人们会感到较明显的降温。故有"一场秋雨（风）一场寒"之说。

4. 雷暴活动

雷暴活动不及炎夏那般活跃，但华南、西南和华西地区雷暴活动仍较多。在进入9月，中国大部开始进入少雨期，而华西地区秋雨偏多。它是中国西部地区秋季的一种特殊的天气现象。主要特点是雨日多，而另一个特点是以绵绵细雨为主，所以雨日虽多，但雨量却不很大，一般要比夏季少，强度也弱。

（三）节气习俗

1. 出游迎秋

处暑节气前后的民俗多与祭祖及迎秋有关。处暑前后民间会有庆贺"七月半"的民俗活动。此外,处暑之后,秋意渐浓,正是人们畅游郊野迎秋赏景的好时节。处暑过,暑气止,就连天上的那些云彩也显得疏散而自如,而不像夏天大暑之时浓云成块。民间向来就有"七月八月看巧云"之说,其间就有"出游迎秋"之意。

2. 放河灯

河灯也叫"荷花灯",一般是在底座上放灯盏或蜡烛,中元夜放在江河湖海之中,任其漂泛。

3. 开渔节

对于沿海渔民来说,处暑以后便是渔业收获的时节。每年处暑期间,在浙江省沿海都要举行一年一度的隆重的开渔节,决定在东海休渔结束的那一天,举行盛大的开渔仪式,欢送渔民开船出海。

4. 煲药茶

处暑时节,我国两广地区有煲药茶的习俗。人们去药店配制药方,然后在家煲药茶,处暑过后仍闷热,煲凉茶解暑热。

5. 拜土地公

处暑节气正值农作物收成时刻,古时人们举行各种仪式来祭祖以及拜谢土地公。

6. 泼水降温

在日本,从大暑到处暑的一个月时间内,日本各地有组织泼水降温的习俗。

（四）节气的古诗和谚语

1.古词

处　暑

左河水

一度暑出处暑时，秋风送爽已觉迟。

日移南径斜晖里，割稻陌阡车马驰。

2.谚语

处暑天还暑，好似秋老虎。

处暑天不暑，炎热在中午。

热熟谷，粒实鼓。

处暑雨，粒粒皆是米（稻）。

处暑早的雨，谷仓里的米。

处暑若还天不雨，纵然结子难保米。

（五）节气绘本

《这就是二十四节气·处暑》

（六）关于节气的手工

种子拼画。

泼水狂欢

测温度寻变化　　　　泼水降温

二十四节气——白露

白露是二十四节气中的第十五个节气，秋天的第三个节气。此时天高云淡，气爽风凉，可谓是一年之中最舒服的时节。为了让幼儿了解中国传统二十四节气"白露"，感受传统民俗文化的魅力，同时能对大自然及身边万物有极强的探索兴趣，初步感知人与自然和谐相处，我园特开展白露主题教育活动。

一、活动目标

1. 了解白露的气候特点、风俗习惯、古诗、谚语等。
2. 引导对生活中的科学现象感兴趣，并愿意进行探究。
3. 能够学会朗诵相关白露的诗歌，感受韵律美。

二、活动内容

（一）节气由来

白露是秋天的第三个节气，表示孟秋时节的结束和仲秋时节的开始。露水是由于温度降低，水汽在地面或近地物体上凝结而成的水珠。所以，白露实际上是表征天气已经转凉。这时，人们就会明显地感觉到炎热的夏天已过，而凉爽的秋天已经到来了。昼夜温差可达十多度。

（二）节气气候特点

中国北方地区降水明显减少，秋高气爽，比较干燥。长江中下游地区在此时期，第一场秋雨往往可以缓解前期的缺水情况，但是如果冷空气与台风相会，或冷暖空气势均力敌，双方较量进退维艰时，形成的暴雨或低温连阴雨对秋季作物生长不利。西南地区东部、华南和华西地区也往往出现连阴雨天气。

（三）节气习俗

1. 祭禹王

禹王是传说中治水英雄大禹，太湖畔渔民称为"水路之神"。每年正月初八、清明、七月初七和白露时节，这里都要举行祭禹王的香会。其中又以清明、白露春秋两祭规模为最大，历时一周。

2. 吃龙眼

福建福州有个传统习俗叫"白露必吃龙眼"。民间的意思是，在白露这一天吃龙眼有大补身体的奇效。因为龙眼本身就有益气补脾、养血安神、润肤美容等多种功效，还可以治疗贫血、失眠、神经衰弱等多种疾病。

3. 白露茶

民间有"春茶苦，夏茶涩，要喝茶，秋白露"的说法，此时的茶树经过夏季的酷热，白露前后正是它生长的极好时期。到了白露节气，秋意渐浓。此时的茶树经过夏季的酷热，白露前后正是它生长的极好时期。白露茶既不像春茶那样鲜嫩，不经泡，也不像夏茶那样干涩味苦，而是有一种独特甘醇清香味，尤受老茶客喜爱。

4.白露米酒

资兴兴宁、三都、蓼江一带历来有酿酒习俗。每年白露节一到，家家酿酒，待客接人必喝"土酒"。其酒温中含热，略带甜味，称"白露米酒"。白露酒用糯米、高粱等五谷酿成，略带甜味，故称"白露米酒"。

5.打枣

农历白露正是枣儿成熟的时候，一些地区的群众开始自发的"打枣节"。他们用竹竿或木棍敲打树枝，孩子们则忙着用竹竿撑起沉甸甸的袋子，接住一个又一个枣子。

6.吃番薯

民间认为白露吃番薯可使饭后不会发胃酸，故旧时农家在白露节以吃番薯为习。

（四）节气的古诗和谚语

1.古诗：

白　露

杜　甫

白露团甘子，清晨散马蹄。

圃开连石树，船渡入江溪。

凭几看鱼乐，回鞭急鸟栖。

渐知秋实美，幽径恐多蹊。

2. 谚语：

早秋作物普遍收，割运打轧莫懈怠。

底肥铺足快耕耙，秸秆还田土里埋。

高山河套瘠薄地，此刻即可种小麦。

白菜萝卜追和浇，冬瓜南瓜摘家来。

冬暖大棚忙修建，结构科学巧安排。

（五）节气绘本

《二十四节气·白露》《燕子飞到哪里去》

（六）关于节气的手工

荷叶上的露水。

（七）节气的探索活动

1. 观察小露珠。

2. 品白露茶。

3. 收获农作物。

荷叶上的小露珠　　　　　　　　　　　　　　品白露茶

拔花生

掰玉米

二十四节气——秋分

"秋分"是我国的二十四节气之一。秋分的到来预示着秋意渐浓，预示着我国大部分地区已经进入凉爽的秋季，农谚说："一场秋雨一场寒"。凉风习习，碧空万里，风和日丽，秋高气爽，金桂飘香，蟹肥菊黄，秋分是美好宜人的时节。

一、活动目标

1. 初步了解秋分节气的知识，知道秋分有关习俗。

2. 品味农谚和相关古诗词，幼儿感受秋分节气的氛围。

3. 感知秋分时节周围环境和动植物的变化，乐于探究周边环境的变化。

二、活动内容

（一）节气由来

秋分在每年公历的 9 月 22 日，23 日或 24 日，为中国传统节日中的二十四节气之一。我国古籍《春秋繁露·阴阳出入上下篇》中说："秋分者，阴阳相半也，故昼夜均而寒暑平。"秋分之"分"为"半"之意。"秋分"的意思有二：

一是，昼夜时间均等，太阳在这一天到达黄经 180 度，直射地球赤道，因此全球大部分地区这一天的 24 小时昼夜均分，各 12 小时。秋分过后，太阳直射点开始由赤道进入南半球，北半球开始昼短夜长，一天中白昼短于黑夜；北极附近也即将迎来一年中连续 6 个月的漫漫长夜与连续 6 个月不灭的星空。

二是，气候由热转凉。按我国古代以立春、立夏、立秋、立冬为四季开始的季节划分法，秋分日居秋季 90 天之中，平分了秋季。

（二）节气气候特点

秋分时节，我国大部分地区已经进入凉爽的秋季，南下的冷空气与逐渐衰减的暖湿空气相遇，产生一次次的降水，气温也一次次地下降。已经到了"一场秋雨一场寒"的时候，但秋分之后的日降水量不会很大。秋分过后，太阳直射点移到南半球，北半球开始白昼短于黑夜。从秋分这一天起，气候主要呈现三大特点：

1. 阳光直射的位置继续由赤道向南半球推移，北半球各地一天中白昼短于黑夜，直至冬至日达到白昼最短；

2. 昼夜温差逐渐加大，幅度将高于 10℃以上；

3. 气温逐日下降，一天比一天冷，逐渐步入深秋季节。南半球的情况则正好相反。

（三）节气习俗

1. 秋祭月

秋分曾是传统的"祭月节"。最初"祭月节"是定在"秋分"这一天，不过由于这一天在农历八月里的日子每年不同，不一定都有圆月。而祭月无月则是大煞风景的。所以，后来就将"祭月节"由"秋分"调至中秋。

2. 立鸡蛋：成功与否有讲究

"秋分到，蛋儿俏"。在每年的春分或秋分这一天，我国很多地方都会有很多人在做"立蛋"试验。选择一个身量匀称的新鲜鸡蛋，轻手轻脚地竖放在桌上，失败者虽然多，成功者也不少。

秋分养生：秋分时节，冷水洗脸适当秋冻防感冒，最重要的应当充足补水。防燥宜多吃"辛酸"果蔬。在饮食方面以清润温润为主，要多吃芝麻、核桃、糯米等清润的食物。

秋天是锻炼的大好时机，但此时因人体阴精阳气正处在收敛内养阶段，因此运动也要顺应这一原则，即运动量不宜过大，以防出汗过多，阳气耗损，运动宜选择轻松平缓、活动量不大的项目。

（四）节气的古诗和谚语

1. 古诗：

水调歌头·明月几时有

苏　轼

丙辰中秋，欢饮达旦，大醉，作此篇，兼怀子由。

明月几时有？把酒问青天。不知天上宫阙，今夕是何年。我欲乘风归去，又恐琼楼玉宇，高处不胜寒。起舞弄清影，何似在人间？

转朱阁，低绮户，照无眠。不应有恨，何事长向别时圆？

人有悲欢离合，月有阴晴圆缺，此事古难全。但愿人长久，千里共婵娟。

2. 谚语：

白露早，寒露迟，秋分种麦正当时。

适时种麦年年收，过早过迟有闪失，

先种淤地后种沙，七天出苗正合适。

晚秋作物继续管，随熟随收不能迟。

青贮秸秆继续搞，牲畜配种机莫失。

养鱼饵料不能减，莲藕采收推上市。

（五）节气绘本

1.《这就是二十四节气·秋分》

2.《月亮姑娘做衣裳》

（六）关于节气的手工

1. 秋分蛋托花

教师准备制作材料与幼儿一起涂色、分剪、粘贴制作蛋托花。

2. 制作月饼。

3. 刮画：嫦娥。

4. 中秋灯笼。

（七）关于节气的游戏

1. 竖鸡蛋的活动

可以尝试让幼儿操作生鸡蛋进行竖立。

2. 快乐观察秋虫

发现秋天的动物的变化。

寻找秋叶　　　　　　秋分时节竖鸡蛋　　观察秋虫

描绘秋天

二十四节气——寒露

寒露是二十四节气里面比较有代表性的节气，意味着秋天完全到来。寒露时节的民俗谚语彰显了广大劳动人民的智慧，通过了解寒露的节气特点以及习俗等，进一步了解秋天的特色，体验大自然带来的美好。

一、活动目标

1. 了解与寒露节气相关的农谚、古诗、风俗等。

2. 激发幼儿探知节气的兴趣，激发对寒露节气的热爱。

3. 通过举办菊花展了解秋天的菊花，感知菊花别致的外形特征。

二、活动内容

（一）节气由来

《月令七十二候集解》说："九月节，露气寒冷，将凝结也。"寒露的意思是气温比白露时更低，地面的露水更冷，快要凝结成霜了。

（二）节气气候特点

寒露时节，南岭及以北的广大地区均已进入秋季，东北和西北地区已进入或即将进入冬季。首都北京大部分年份这时已可见初霜，除全年飞雪的青藏高原外，东北北部和新疆北部地区一般已开始降雪。我国传统将寒露作为天气转凉变冷的表征。仲秋白露节气"露凝而白"，至季秋寒露时已是"露气寒冷，将凝结为霜了"。

（三）节气习俗

1.饮食养生，应在平衡饮食五味基础上，根据个人的具体情况，适当多食甘、淡滋润的食品，既可补脾胃，又能养肺润肠，可防治咽干口燥等症。如水果有梨、柿、香蕉等；蔬菜有胡萝卜、冬瓜、藕、银耳等及豆类、菌类、海带、紫菜等；早餐应吃温食，最好喝热药粥，因为粳米、糯米均有极好的健脾胃、补中气的作用，像甘蔗粥、玉竹粥、沙参粥、生地粥、黄精粥等；中老年人和慢性患者应多吃些红枣、莲子、山药、鸭、鱼、肉等食品。

2.寒露以后，随着气温的不断下降，感冒是最易流行的疾病在气温下降和空气干燥时，感冒病毒的致病力增强。此时很多疾病的发生会危及老年人的生命。在这多事之秋的寒露节气中，老年人合理地安排好日常的起居生活，对身体的健康有着重要作用。

（四）节气的谚语和诗词

1.谚语：

吃了寒露饭，单衣汉少见。

吃了重阳饭，不见单衣汉。

吃了重阳糕，单衫打成包。

重阳无雨一冬干。

大雁不过九月九，小燕不过三月三。

寒露时节人人忙，种麦、摘花、打豆场。

上午忙麦茬，下午摘棉花。

寒露到霜降，种麦莫慌张；霜降到立冬，种麦莫放松。

2. 诗词：

寒　露
左河水

天高昼热夜来凉，草木萧疏梧落黄。

日享菊香播小麦，夜喝梨贝养脾肠。

池　上
白居易

袅袅凉风动，凄凄寒露零。

兰衰花始白，荷破叶犹青。

独立栖沙鹤，双飞照水萤。

若为寥落境，仍值酒初醒。

（五）关于节气的手工

1. 莲藕拓印。

2. 画菊花。

3. 制作豌豆荚。

（六）关于节气的游戏

穿树叶杠树叶

（七）关于节气的探索

1. 品尝菊花茶。

2. 拾落叶。

3. 摘山楂。

4. 登高。

采摘山楂

莲藕拓印

制作豌豆荚

二十四节气——霜降

霜降是二十四节气中的第十八节，秋季的最后一个节气，时间点在每年公历 10 月 23—24 日之间，是秋季的最后一个节气，天气逐渐变冷，万物都开始了蛰伏收藏，不再生长，收敛等待着最好的时机。

一、活动目标

1. 了解霜降节气风俗习惯、气候特点、古诗、谚语等。

2. 在实践活动中激发幼儿了解霜降，探究节气秘密的兴趣。

二、活动内容

（一）节气由来

霜降节气含有天气渐冷、初霜出现的意思，是秋季的最后一个节气。

《月令七十二候集解》："九月中，气肃而凝，露结为霜矣。"此时，我国黄河流域已出现白霜，千里沃野上，一片银色冰晶熠熠闪光，此时树叶枯黄，在落叶了。古籍《二十四节气解》中说："气肃而霜降，阴始凝也。"可见"霜降"表示天气逐渐变冷，开始降霜。气象学上，一般把秋季出现的第一次霜叫作"早霜"或"初霜"，而把春季出现的最后一次霜称为"晚霜"或"终霜"。

（二）节气气候特点

秋天的主要气候特点是干燥，气温渐渐转冷。霜降是反映气温变化的节气，天气渐寒始于霜降，霜降是秋季的最后一个节气，是秋季到冬季的过渡，意味着即将进入冬天。霜降后，昼夜温差更大，早晚天气较冷，中午则比较热，秋燥明显。霜降过后，植物渐渐失去生机，大地一片萧索。

（三）节气习俗

1. 吃柿子

在一些地方，霜降时节要吃红柿子，这样不但可以御寒保暖，同时还能补筋骨，是非常不错的霜降食品。

2. 赏菊

古有"霜打菊花开"之说，所以登高山，赏菊花，也就成了霜降这一节令的雅事。霜降时节正是秋菊盛开的时候，我国很多地方在这时要举行菊花会，赏菊饮酒，以示对菊花的崇敬和爱戴。古人眼里，菊花有着不寻常的文化意义，被认为是"延寿客"、不老草。

3. 登高远眺

古时霜降时节有登高远眺的习俗。九月节，寒露、霜降、重阳到。登高能使人的肺通气量和肺活量明显增加，血液循环增强，脑血流量增加，达到增强体质、防病治病的目的，而且，登高还可以培养人的意志，陶冶情操。

（四）节气的古诗

山　行
杜　牧

远上寒山石径斜，白云生处有人家。
停车坐爱枫林晚，霜叶红于二月花。

枫桥夜泊
张　继

月落乌啼霜满天，江枫渔火对愁眠。
姑苏城外寒山寺，夜半钟声到客船。

（五）节气绘本

《这就是二十四节气·霜降》

（六）关于节气的手工

1. 贴画：柿子。

2. 画国画：南瓜、柿子

（七）关于节气的游戏

放风筝

（八）关于节气的探索

1. 采摘柿子。

2. 捂柿饼。

3. 观察霜。

观察

合力摘柿子

晒柿子

国画南瓜

霜降开耕

柿子创意画

寒风乍起　乐享冬日

冬天，小小的雪花飞舞，幼儿园的景色显得格外别致，树上落满了白雪，地面和房子都变成了雪白色的世界，雪化了，又冻成冰柱，挂在房檐下像一串串美丽的珍珠。雪花也让孩子们的游戏变得格外有趣，打雪仗、堆雪人、溜滑冰……这些奇妙的景色和有趣的户外活动，会引起幼儿极大的好奇和兴趣，孩子们走进大自然的冬天，感受、探索和发现冬天的美好。

课程方案

大班冬季主题活动：冬天的故事

冬天，对于大班的孩子来说就像是老朋友，随着天气的变冷，幼儿对冬天的到来有了初步的感知，对他们来说寒冷的冬天太奇妙、太神奇了，他们想揭开冬天的面纱，渴望探索更多的知识。我们利用这神奇的自然现象作为导入，开展以冬天为主题的活动。采用各种形式，激发幼儿动脑、动口、动手的能动性，在丰富自然科学知识的同时激发他们探索、探究的兴趣，培养对艺术的表现能力，并锻炼意志，陶冶幼儿对大自然的热爱之情。

一、活动目标

1. 观察冬季自然现象，知道冬季气候的主要特征。

2. 了解冬天的节气特点、习俗等。

3. 了解冬季动物、植物过冬的方式。

4.学习多种防滑、御寒的方法。

5.学习用、剪、贴、吹、点等方式合作开展美工活动。

6.记录气温的变化,通过气温走势图了解冬季气温的变化。

二、主题网络图

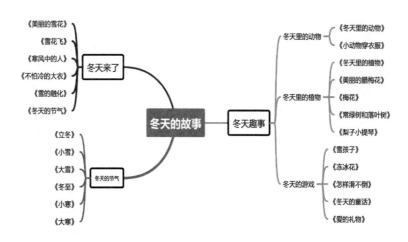

三、活动内容

（一）健康领域

1.《不怕冷的大衣》——理解故事内容，能大胆地用连贯的语言进行讲述和表达；知道冬天要加强户外体育锻炼，增强体魄。

2.《冬天的童话》——不怕冬天的寒冷，积极参加体育锻炼；体验冬天里体育锻炼前后的身体感受，感受明显的季节特征。

（二）语言领域

1.故事《雪孩子》——初步理解故事内容，知道故事的主要情节；知道雪遇热融化、蒸发的自然常识；体会雪孩子舍己救人的高尚品质。

2. 古诗《梅花》——了解梅花特点，感受古诗所表现的意境美；体会梅花不畏严寒、凌霜傲雪的品格。

3. 故事《梨子小提琴》——理解故事内容，发现小松鼠想法和创意的巧妙；大胆想象，并探索、表现自己的想法。

（三）社会领域

1.《寒风中的人》——学习采访客人，了解他们的工作；理解寒风中仍然工作的人的辛苦。

2.《爱的礼物》——了解冬天早晨工作的人与人们生活的关系，萌发尊敬之情。

（四）科学领域

1.《冬天里的动物》——初步了解小动物们的过冬方式，理解动物和季节的关系；激发喜爱小动物的情感和探索动物生活习性的兴趣；愿意大胆尝试，与同伴分享自己的心得。

2.《怎样滑不倒》——对摩擦力有好奇心，乐于参与科学小实验；积极思考运用摩擦力解决生活中的问题，体验动手操作的乐趣。

3.《雪的融化》——知道雪的特征，了解冰的融化过程；在探究过程中学会多种角度解决问题。

4.《冬天里的植物》——了解植物的过冬方式，感知冬季植物与气候变化的关系；激发探索植物奥秘的兴趣及爱护植物的情感。

5.《冬天的节气》——了解冬天主要的节气及其由来、特点及习俗。

6.《常绿树和落叶树》——进一步加深对常绿树和落叶树的认识，能通过树叶的不同区分常绿树和落叶树；培养细致的观察、比较和判断能力。

（五）艺术领域

1.美术《美丽的蜡梅花》——学习吹画的基本方法，能够运用手指点画、彩笔填画等表现蜡梅花的基本特征；喜欢点吹画，体验点吹画的乐趣，提升审美能力。

2.《冻冰花》——能对水和冰进行连续的观察与比较，发现差异与变化；制作美丽的冰花，喜欢参与冰花探究活动。

3.《梨子小提琴》——理解故事内容，发现小松鼠想法和创意的巧妙；大胆想象，并探索、表现自己的想法。

4.《小动物穿衣服》——使用油画棒、废旧报纸、蛋壳、彩纸、米粒、布头等多种材料为小动物"穿衣服"；激发幼儿爱护小动物的情感和创作热情，积极参与动手制作的活动。

5.歌曲《雪花飞》——理解歌曲内容，感受歌曲优美的旋律，抒发对小雪花的赞美；能用自然的声音演唱歌曲，掌握休止符的唱法；能边唱歌曲边自由创编动作。

四、亲子活动

小年亲子民俗活动方案
——剪纸活动

以"迎新年"为主题，在欢乐、自由玩耍的氛围下，家长和幼儿同乐参加剪纸活动，了解新年传统习俗，体验节日的愉快氛围，欢度快乐的小年。在活动中，让家长和孩子感受中国传统文化的魅力，同时，激发家长参与幼儿园活动的热情，更好地促进亲子关系的发展。

一、活动时间

小年（腊月二十三）

二、活动对象

大班全体幼儿和家长

三、活动目标

1.了解中国剪纸的特点，感受中国民间艺术的魅力。

2.学习剪纸的初步技巧：构图、折、剪、打开，锻炼幼儿的动手能力。

3.体验亲子共同剪出作品的成功与快乐，提高对中国民间艺术的兴趣和喜爱。

4.感受幼儿园大家庭的温暖，加深家园情、师生情、亲子情及小年快乐的氛围。

四、活动准备

《剪纸》PPT、红纸、彩纸、剪刀、双面胶、黑色卡纸、作品展示箱。

五、活动过程

（一）导语

剪纸，是我国广为流传的民间艺术形式。一张彩纸、一把剪刀，就可以表现千变万化的自然形态。在剪纸活动中，幼儿通过眼、手、脑的协调动作，可获得极大的兴趣和满足。眼、手、脑得到锻炼的同时，对促进幼儿的智力发展、提升幼儿的审美情感和审美观念、丰富幼儿的思维想象力和激发幼儿的创造力都具有非常重要的作用。

（二）亲子制作

1.欣赏窗花作品，观看剪纸 PPT。

亲子共同观察探索窗花的特征，感受窗花的色彩美、对称美、镂空美。

2.分析窗花，亲子共同制作不同类型的剪纸。

亲子自由讨论剪纸方法，引导幼儿逐步进行创作：对边或对角折剪——画图设计——沿线剪纸——自由剪纸。

（三）集体展示

家长与幼儿将剪好的剪纸贴在白色或黑色卡纸上，和老师一起将作品贴在作品箱上，在幼儿园进行展示。

六、活动照片

剪纸作品

小年亲子民俗活动方案
——面塑活动《十二生肖》

一、活动时间

小年（腊月二十三）

二、活动对象

大班全体幼儿和家长

三、活动目标

1.了解十二生肖所对应的十二种动物，知道十二属相是我国的传统民俗。

2.通过欣赏面塑作品，知道面塑是我国的民俗之一，感知中国传统民间艺术的美。

欣赏面塑作品，感知民间艺术的美。

3.亲子合作共同通过捏、揉、搓等技巧捏出十二生肖的基本特征，体验亲子共同参与活动的乐趣。

四、活动准备

教师《十二生肖》故事、面塑欣赏PPT、各色面塑泥若干、泥工板、各种辅助材料、作品展示台。

五、活动过程

（一）引入话题：说属相

幼儿、家长自我介绍属相。

小结：属相也叫生肖，是用动物代表的，为了表示人与动物互为好朋友，这是我们国家特有的一种民间风俗。

（二）欣赏故事《十二属相》：了解十二属相的代表动物，观看《十二生肖》故事。

小结：通过故事，我们了解了十二生肖是由我们自然界的 11 种动物和传说中的龙组成，也知道其中的轮换规律。今天老师想请家长和小朋友们一起用面塑的方法把十二生肖做出来。

（三）欣赏面塑图片

1. 邀请家长介绍面塑的起源和做法。

小结：面塑也称面人，是一种中国传统民间艺术，它是用面粉、糯米粉作为主要原料，再加上色彩、石蜡、蜂蜜等成分，经过防裂、防霉处理，制成各色面团，可塑性很强，且易保存。

2. 幼儿与家长共同欣赏面塑作品 PPT，感受面塑作品的美，激发创作欲望。

（四）亲子制作：面塑《十二生肖》

幼儿与家长自由创作面塑作品。

（五）作品展示

请家长与幼儿将做好的十二生肖作品摆到作品展示柜上，组织十二生肖作品展。

六、活动照片

我做的小兔子和熊猫

作品展示

我和妈妈一起做

中班冬季主题活动：冬天的秘密

冬天到了，幼儿慢慢地感受到了周围的变化：天气逐渐变冷，有的地方开始下雪；花草树木凋谢了；人们外出时衣服穿得越来越多，还要戴上帽子和手套；很多小动物开始冬眠，不再出来；许多节日接踵而来，如元旦、腊八节、小年、春节……冬天主题活动中，通过参加各种有趣的活动，幼儿在多彩的季节中感受冬天的美丽和新奇，同时感受中国传统文化习俗的丰富多彩，体验传统节日带来的快乐。

一、活动目标

1. 关注冬季的各种自然现象，了解季节变化对动植物和人带来的影响。

2. 初步探索霜、冰的形成过程。

3. 了解我国迎新年的习俗，感受新年的快乐。

4. 了解冬季的节气，通过节气变化感受天气的变化。

5. 尝试利用白、黄、棕相间的色彩，表现出冬天大地的色彩变化。

6.加强冬季锻炼，增强体质、磨练意志，提高对环境的适应能力。

二、主题网络图

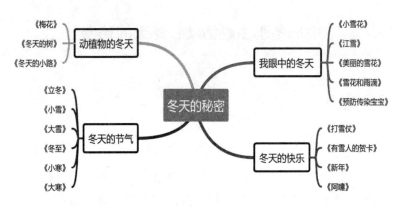

三、活动内容

（一）健康领域

1.《阿嚏》——知道感冒身体不舒服，懂得身体健康的重要性；了解基本的感冒预防生活常识。

2.《打雪仗》——掌握投和挥臂的动作，锻炼上肢肌肉力量，发展身体的灵敏性。

3.《预防传染宝宝》——了解容易感染传染病的情况，知道预防疾病的方法；学习基本的预防传染病的方法，增强预防疾病的意识。

（二）语言领域

1.古诗《梅花》——了解梅花的特点，能有感情地朗诵古诗；体会梅花不畏酷寒、凌霜傲雪的品格。

2.古诗《江雪》——初步朗诵古诗，理解冬天冰天雪地的意境；感受冬天的寒冷。

3. 故事《冬天的小路》——了解雪的特征，感受小动物置身雪地雪景的美感；理解故事内容，理解"推、铲、扒、扫"等词汇，简单复述故事。

（三）社会领域

1.《新年》——知道新年是中国特有的、最隆重的传统节日，了解中国过新年习俗的由来；学说新年祝福语，并在游戏中大胆运用；感受中国传统节日的有趣以及过新年的喜悦。

2.《冬至》——感受冬至节气的喜庆，感受传统节日的文化底蕴；喜爱传统节日，体会过节的欢乐气氛。

3.《有雪人的贺卡》——了解制作贺卡的意义，体验朋友间友好交往的快乐；尝试创造性地表现雪人的各种特征。

（四）艺术领域

1. 美术《美丽的雪花》——感知一片雪花和一层雪花的概念和美感；观察联想出雪花的不同样式并进行创作。

2. 美术《冬天的树》——了解冬天树的特征；能用棉签画出简单的线条；喜欢参与活动，体验活动带来的乐趣。

3. 歌曲《雪花和雨滴》——理解雪花和雨滴的不同，能通过动作伴随歌曲展示出来；喜欢参与活动，乐于表现自己。

4. 歌曲《小雪花》——感受歌曲抒情、柔和的特点，学习用自然、优美的声音演唱歌曲；能有感情地参与演唱和表演，表现雪花飘落的美。

（五）科学领域

1. 天气：观察冬天的自然现象，如霜、雪等。

2.植物：观察冬天的植物，采集常绿树的树叶，知道冬天常绿树的基本类型，发现常绿树和落叶树的不同，尝试进行分类。

3.《小雪》——了解小雪节气特点；知道冬季怎样防寒，保护好自己。

四、亲子活动

小年亲子活动方案
——DIY《年年有鱼》

农历腊月二十三是小年，又一个春夏秋冬，又一个年年有余的小年，为和孩子们一起体验过年的快乐，我们开展了本次亲子活动，让孩子在家长和老师的共同陪伴下感受新年的浓厚氛围。

一、活动时间

小年（腊月二十三）

二、活动地点

各班活动室

三、活动对象

全体中班幼儿及家长

四、活动目标：

1.初步了解年画"年年有鱼"的寓意及祝福。

2.知道鱼的几个组成部分以及年画的色彩、造型特征。

3.亲子共同制作，体验与家长共同活动的乐趣。

五、活动准备

1.家长准备：纸盘、活动眼珠、红绳、瓶盖。

2.幼儿园准备：红色卡纸、彩纸、水彩笔、打孔器、剪刀、胶水、金色即时贴。

3.关于年年有余的PPT。

4.家长活动通知。

六、活动流程

（一）导语

年年有鱼是"年年有余"的谐音，可谓中国传统吉祥祈福最具代表性的语言之一，若用图画表示则可看作是传统吉祥符号。图中要有莲花或莲藕，还要有鱼，即"莲连有鱼"。代表生活富足，每年都有多余的财富及食粮！

（二）亲子制作

1.欣赏《年年有鱼》PPT，了解其所蕴含的祝福意义。

2.亲子DIY制作。

（三）新年祝福语

制作完后的幼儿可以说出新年祝福语，送给家人和好朋友。

（四）集体展示

全体制作完成后，布置装饰环境，由幼儿与家长一起将作品展示在作品墙上。

七、活动照片

作品展示

一起合张影

小班冬季主题活动：冬天来了

随着天气的变化，逐渐进入了冬季。气温的下降、冰霜的出现和雪花的飘落将冬季的季节特征显现了出来，孩子们对冬天是什么样的产生了好奇，而关于冬天的话题引来了孩子的关注。根据小班幼儿兴趣与实际发展需要，引导孩子们充分地感受冬天的美丽与神秘，激发孩子们对冬天的热爱之情。

一、活动目标

1. 观察冬季自然现象，知道冬季气候的主要特征，了解冬天的节气。

2. 了解动物、植物过冬的方式，萌发对动植物的喜爱之情。

3. 了解有关冰、霜、雪的知识。

4. 知道冬天天气寒冷，要通过多穿衣服、坚持锻炼等方法抵御严寒。

5. 愿意参加有趣的节日活动，感受节日气氛。

二、主题网络图

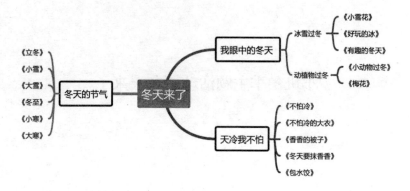

三、活动内容

（一）健康领域

1. 通过游戏，引导幼儿练习在一定范围内四散跑、跳，增强体魄，提高免疫力。

2.《不怕冷的大衣》——练习跑、跳的动作，提高身体耐力和灵活性；理解儿歌内容，知道运动能使自己的身体暖和起来，积极参加体育锻炼。

3.《冬天要抹香香》——了解抹香香的简单方法，尝试自己抹香香；知道天冷要保护皮肤，养成良好的生活习惯。

（二）语言领域

1. 故事《不怕冷》——理解故事内容，知道冬天要多运动；能够大胆说出想法，积极参与到活动中。

2.《香香的被子》——学说故事对话，感受冬日阳光的温暖；知道晒太阳是冬天的取暖方式。学说故事里的对话，体验表演乐趣；感受冬日阳光的温暖；知道晒太阳是冬天的取暖方式，勤晒被子有利于身体健康。

（三）社会领域

《有趣的冬天》——学习用简短的语言进行描述冬天的特征；了解动植物过冬的方式。

（四）科学领域

1. 户外观察：观察冰、雪、霜，了解冬天三种自然事物的状态。

2. 《小动物过冬》——了解动物过冬的不同方式；对探索动物过冬的方式感兴趣；激发对小动物的喜爱情感，懂得关心爱护动物。

3. 《好玩的冰》——知道冰是凉的、硬的、光滑的；初步了解冰遇热会化成水，水遇冷会结成冰。

（五）艺术领域

1. 美术《梅花》——学习手指点画，注意花的大小、疏密；体验点画的乐趣。

2. 歌曲《小雪花》——感受歌曲的优美，学习用连贯、柔和的声音唱歌；会用动作表现雪花落下的轻柔和"飘在空中不见了"的情趣。

3. 手工《包水饺》——了解饺子的制作过程，会用团、压、捏的方法学习制作饺子；尝试用彩泥创造性地捏出不同形状的饺子。

四、亲子活动

小年亲子活动方案
——包水饺

小年到，真热闹，欢聚一堂哈哈笑。家长、孩子、老师在幼儿园里欢聚一堂，包饺子、做游戏、送祝福……用满满的仪式感让孩子们感受过年的快乐及亲子合作的乐趣。

一、活动时间

小年（腊月二十三）

二、活动地点

小班各班活动室

三、活动人员

小班全体家长和幼儿

四、活动目标

1.让孩子们了解小年习俗，知道有小年吃饺子的习俗。

2.通过自己动手操作，锻炼动手能力和生活能力。

3.体验劳动的快乐，增进亲子间的沟通与交流。

五、活动准备

1.家长准备：饺子馅、面团、擀面杖、面板、汤匙、小碗。

2.幼儿园准备：锅、一次性手套、关于各式各样饺子的PPT、家长活动通知。

六、活动流程

（一）导入

1.师：新年就要到了，我们必不可少的美食之一就是饺子。今天邀请小朋友们和爸爸妈妈一起来包饺子，度过一个有意义的新年。

2.观看各式各样饺子的PPT，了解各种饺子的制作方法，激发幼儿对包饺子活动的兴趣。

（二）亲子制作

家长和幼儿一起包饺子。请家长协助幼儿，让幼儿自己动手体会包饺子的快乐。

（三）等待饺子煮熟时，组织亲子游戏。

（1）游戏名称：我的宝宝在哪里。

（2）游戏准备：眼罩若干。

（3）游戏玩法：每个家庭由一名家长和一名幼儿参加，请幼儿手拉手围成圆圈，家长用眼罩蒙上眼睛站在圈内，幼儿手拉手边唱歌边绕着家长转，唱完歌曲立定，然后请家长去寻找自己的宝宝，以4—5人的小组为单位，根据本班的幼儿进行分组。

（4）游戏要求：幼儿不能发出声音，父母通过触摸找到自己的宝宝。

（四）分享品尝饺子活动。

七、活动照片

我和爸爸学一学 　　　　　　　　　　我还能擀皮呢

大家一起合作真热闹

节气活动

二十四节气——立冬

　　立冬是二十四节气中的第十九个节气，时间点在每年11月7—8日之间，是冬天的第一个节气。民间把立冬作为冬季的开始。立冬有着怎样的气候特点，有着怎样的节气风俗。我们以此为契机引导孩子们真切地认识立冬，感受生活中的变化，学会与自己、与自然和谐相处。

一、活动目标

1.通过活动知道立冬节气的时间，了解立冬节气的由来。

2.了解立冬的习俗文化，引导幼儿感受立冬的节气特点。

3.品味立冬节气的古诗词，感受立冬之美。

二、活动内容

（一）节气由来

立冬，是二十四节气中的第十九个节气，也是冬季的第一

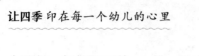

个节气。每年阳历的 11 月 7 日或 8 日，太阳行至黄经 225 度，便是立冬的时候了。立，建始也，表示冬季自此开始；冬者，终也，万物收藏也，动物藏身规避寒冷，经过秋收的人们也已将收获收藏入库了。

立冬是季节类节气，表示自此进入了冬季，意味着风雨、干湿、光照、气温等，处于转折点上，开始从秋季向冬季气候过渡。"秋收冬藏"，万物在冬季闭藏，冬季是享受丰收、休养生息的季节。立冬，是民间"四时八节"之一，在古代我国一些地方会在立冬举行祭祀、饮宴等活动，作为重要的节日来庆贺。

（二）节气气候特点

立冬时节，我们所处的北半球获得太阳的辐射量越来越少，但由于此时地表在下半年贮存的热量还有一定的能量，所以一般还不会太冷，但气温逐渐下降。在晴朗无风之时，常会出现风和日丽、温暖舒适的十月"小阳春"天气。

气温下降，立冬前后，我国大部分地区降水显著减少。气温下降变化明显随着冷空气的加强，气温下降的趋势加快。我国幅员辽阔，南北纵跨数十个纬度，因而存在南北温差。但立冬之后南北温差更加拉大。

古人将立冬三候设为："一候水始冰；二候地始冻；三候雉入大水为蜃。"此节气水已经能结成冰；土地也开始冻结；三候"雉入大水为蜃"中的雉即指野鸡一类的大鸟，蜃为大蛤，立冬后，野鸡一类的大鸟便不多见了，而海边却可以看到外壳与野鸡的线条及颜色相似的大蛤。所以古人认为雉到立冬后便变成大蛤了。

（三）节气习俗

1. 涮羊肉

立冬吃涮羊肉，铜锅炭火，汤滚下肉，羊肉红白相间，薄而不散，再蘸上喜爱的酱料，这大概是每个人都无法拒绝的美味。

2. 吃饺子

在我国北方，立冬之日人们爱吃饺子。饺子是源于"交子之时"，立冬则是秋冬季节之交，故"交子"之时的饺子不能不吃。

3. 酿黄酒

立冬之日开始酿黄酒，是绍兴传统的酿酒风俗。冬季水体清冽、气温低，是酿酒发酵最适合的季节。因此绍兴人把从立冬开始到第二年立春这段最适合做黄酒的时间称为"冬酿"，祈求福祉。

4. 立冬食补

立冬后，就意味着今年的冬季正式来临。人类虽没有冬眠之说，但民间却有立冬补冬的习俗，谚语"立冬补冬，补嘴空"就是最好的比喻。立冬意味着进入寒冷的季节，人们倾向进食可以驱寒的食物，可适当多吃瘦肉、鸡蛋、鱼类、乳类、豆类等富含碳水化合物和脂肪的食物，同时也要多吃新鲜蔬菜以避免维生素的缺乏。

（四）节气的古诗和谚语

1. 古诗

立 冬

李 白

冻笔新诗懒写，寒炉美酒时温。

醉看墨花月白，恍疑雪满前村。

九月二十六日雪予未之见北人云大都是时亦无

方 回

立冬犹十日，衣亦未装绵。

半夜风翻屋，侵晨雪满船。

非时良可怪，吾老最堪怜。

通袖藏酸指，凭栏竦冻肩。

枯肠忽萧索，残菊尚鲜妍。

贫苦无衾者，应多疾病缠。

2. 农谚

今冬麦盖三层被，明年枕着馒头睡。

立冬有雨防烂冬，立冬无雨防春旱。

重阳无雨看冬至，冬至无雨晴一冬。

立冬小雪紧相连，冬前整地最当先。

西风响，蟹脚痒，蟹立冬，影无踪。

（五）节气绘本

《这就是二十四节气·立冬》

（六）关于节气的手工

1. 鸡蛋雪人

2. 制作小手套

3. 毛线帽子

（七）关于节气的活动

1. 抱团取暖

2. 追影子

（八）活动照片

立冬习俗我知道　　　　　　户外感受一下立冬的气温吧

二十四节气——小雪

　　小雪是二十四节气中的第二十个节气。进入该节气，中国广大地区西北风开始成为常客，气温逐渐降到0℃以下，但大地尚未过于寒冷，虽开始降雪，但雪量不大，故称小雪。此时万物失去生机，天地闭塞而转入严冬。黄河以北地区会出现初雪，提醒人们该御寒保暖了。为了让幼儿更好地了解传统文化，传承中国节气的智慧，我们开展关于小雪的主题活动。

一、活动目标

　　1. 知道小雪节气的时间和由来。

　　2. 了解简单的小雪文化，知道小雪的相关习俗。

　　3. 喜欢参与活动，对小雪节气活动感兴趣。

二、活动内容

（一）节气由来

　　"小雪"是反映天气现象的节令。"小雪"时值阳历11月下半月，农历十月下半月。雪小，地面上又无积雪，这正是"小雪"这个节气的原本之意。古籍《群芳谱》中说："小雪气寒而将雪矣，地寒未甚而雪未大也。"这就是说，到"小雪"节由于天气寒冷，降水形式由雨变为雪，但此时由于"地寒未甚"故雪下的次数少，雪量还不大，所以称为小雪。因此，小雪表示降雪的起始时间和程度，小雪和雨水、谷雨等节气一样，都是直接反映降水的节气。

（二）节气气候特点

1. 进入小雪节气，意味着气温持续走低，天气寒冷。

2. 小雪节气，长江中下游许多地区也将陆续进入冬季。北方的冬天气温经常在零度以下，且通常伴随着呼啸的狂风。

3. 我国古代将小雪分为三候："一候虹藏不见；二候天气上升；三候闭塞而成冬。"一候"虹藏不见"由于气温降低，北方以下雪为多，不再下雨，雨后彩虹也就看不见了；二候"天气上升"天空中的阳气上升，地中的阴气下降，阴阳不交，万物失去生机；三候"闭塞而成冬"由于天气的寒冷，万物的气息飘移和游离几乎停止，天地闭塞而转入严寒的冬天。

（三）节气习俗

1. 腌菜，过年正好吃

南京有谚语："小雪腌菜，大雪腌肉"，小雪之后，家家户户开始腌制、风干各种蔬菜，包括白菜、萝卜以及鸡鸭鱼肉等，以备过冬食用。杭州人往往也会趁着这个节气开始腌制酱鸭、腊肉，等到春节时正好享受美食。

2. 吃"刨汤"，美味迎新年

"小雪杀猪，大雪宰羊。"包头农村的风俗习惯是，每到小雪、大雪两个节气，村民们便开始杀猪宰羊准备年货。无论哪家宰畜，邻居、亲朋都要过来帮忙。杀了猪，东家要用腌酸菜、卤豆腐、宽粉条、沙土豆做一锅猪烩菜，再配上米饭、小菜，略备薄酒，邀请四邻聚餐，寓意团结、和睦、万事兴旺。

3. 吃糍粑——十月朝，糍粑碌碌烧

在南方某些地方，有小雪时节吃糍粑的习俗。有俗语说，"十月朝，糍粑碌碌烧"。"碌碌烧"是非常形象的客家语言。"碌"，是像车辘那样滚动，意思指用筷子卷起糯米粉团，像车辘那样前后上下左右四周滚动，粘上芝麻花生砂糖；"烧"，即是热气腾腾。吃糍粑一要热，二要玩，三要斗（比较），才过瘾，才能体味"十月朝，糍粑碌碌烧"的农家乐趣。

4. 小雪养生

小雪来临，天气寒冷，适宜温补，人们大多会选择吃羊肉、牛肉等食物，还有栗子、核桃等一些零食，但这个季节还应经常吃点黑色食物。黑色食物包括紫米、黑芝麻、黑木耳、香菇、紫菜等。不但营养丰富，而且在抗衰老、防癌等方面发挥作用。

小雪节气要增强体质、提高机体免疫力和抗寒能力，首先，要保证充足的睡眠。冬季应该早睡晚起，最好每天能够保证8—9个小时的睡眠。

（四）节气的古诗和谚语

1. 古词

小 雪

吴藕汀

篱边野菊正堪娱，戏把山楂串念珠。

小雪寒葅虫害少，何妨大胆入庖厨。

春近四绝句
黄庭坚

小雪晴沙不作泥，疏帘红日弄朝晖。
年华已伴梅梢晚，春色先从草际归。

初　冬
陆　游

平生诗句领流光，绝爱初冬万瓦霜。
枫叶欲残看愈好，梅花未动意先香。
暮年自适何妨退，短景无营亦自长。
况有小儿同此趣，一窗相对弄朱黄。

2. 谚语

小雪节到下大雪，大雪节到没了雪。

小雪封地，大雪封河。

小雪地不封，大雪还能耕。

小雪不把棉柴拔，地冻镰砍就剩茬。

小雪不起菜（白菜），就要受冻害。

小雪不砍菜，必定有一害。

（五）节气绘本

《这就是二十四节气·小雪》

（六）关于节气的手工

剪雪花，迎初雪。

（七）关于节气的活动

浓浓雪中情：在"小雪"这一天引导幼儿为在户外辛勤工作的叔叔阿姨制作爱心贺卡，并组织孩子们将自己小小的心意送出。

（八）活动照片

一起堆雪人

好玩的雪

二十四节气——大雪

　　"大者，盛也，至此而雪盛矣。"告别小雪节气，我们迎来了二十四节气中的"大雪"。民间有谚语"小雪封地、大雪封河"。虽然我们还看不到"千里冰封，万里飘雪；雪花飞舞，漫天银色"的迷人景观，但是我们已经用自己的方式做好了"大雪"的欢迎仪式。

一、活动目标

　　1. 知道大雪节气的时间和由来。

　　2. 了解简单的大雪文化，知道大雪的节气特征和习俗。

　　3. 喜欢参与大雪的节气活动。

二、活动内容

　　（一）节气由来

　　大雪，农历二十四节气中的第二十一个节气，更是冬季的第三个节气，标志着仲冬时节的正式开始。

　　《月令七十二候集解》说："大雪，十一月节，至此而雪盛也。"到了这个时段，雪往往下得大、范围也广，意思是降雪的可能性比小雪时更大了，并不指降雪量一定很大。

（二）节气气候特点

大雪节气，最常见的就是降温、下雨或下雪。据统计，我国强冷空气最多的月份是在农历十一月，强冷空气过后，北方大部分地区 12 月的平均温度约在 −20℃至 −5℃之间，南方也会出现降雨或霜冻，强冷空气往往能够带来阴雨或雪天，强冷空气往往能够形成较大范围降雪或局地暴雪，但雪量并不是全年最大。

（三）节气习俗

1. 腌肉

老南京有句俗语，叫作"小雪腌菜，大雪腌肉"。大雪节气一到，家家户户忙着腌制"咸货"。数日后取出，挂在朝阳的屋檐下晾晒干，以迎接新年。

2. 观赏封河

"小雪封地，大雪封河"，北方有"千里冰封，万里雪飘"的自然景观，南方也有"雪花飞舞，漫天银色"的迷人图画。到了大雪节气，河里的冰都冻住了，人们可以尽情地滑冰嬉戏。

3. 大雪进补

大雪是"进补"的好时节，素有"冬天进补，开春打虎"的说法。冬令进补能提高人体的免疫功能，促进新陈代谢，使畏寒的现象得到改善。冬季食补应供给富含蛋白质、维生素和易于消化的食物。大雪节气前后，柑橘类水果大量上市，像南丰蜜橘、琯溪柚子、脐橙、雪橙都是当家水果。适当吃一些可以防治鼻炎，消痰止咳。大雪时北半球各地日短夜长，因而有农谚"大雪小雪、煮饭不息"等说法，用以形容白昼短到了农妇们几乎要连着做三顿饭的程度。可常喝姜枣汤抗寒；吃橘子、用薄荷油防治鼻炎，消痰止咳。

4. 大雪养生

冬季养生宜多食热粥，常吃热粥有增加热量和营养功能。同时，还流传着"冬吃萝卜夏吃姜"的谚语，萝卜具有很强的行气功能，还能止咳化痰、除燥生津、清凉解毒。

大雪节气，我们应注意风邪和寒邪的侵入，尤其是头部和脚部。要根据气候的变化适当增减衣服；戴顶帽子、配条围脖、穿双保暖鞋不失为防寒的最佳选择。

大雪节气，要注意保持情绪的稳定、平和，起居和运动有规律。冬季日短夜长，要注意早卧迟起，不要熬夜，不要过早起床晨练，"必待日光"。

（四）节气的古词和谚语

1. 古诗

大　雪

陆　游

大雪江南见未曾，今年方始是严凝。

巧穿帘罅如相觅，重压林梢欲不胜。

毡幄掷卢忘夜睡，金羁立马怯晨兴。

此生自笑功名晚，空想黄河彻底冰。

江 雪

柳宗元

千山鸟飞绝，万径人踪灭。

孤舟蓑笠翁，独钓寒江雪。

夜 雪

白居易

已讶衾枕冷，复见窗户明。

夜深知雪重，时闻折竹声。

2. 农谚

大雪不冻倒春寒。

大雪河封住，冬至不行船。

大雪晴天，立春雪多。

大雪不寒明年旱。

大雪下雪，来年雨不缺。

寒风迎大雪，三九天气暖。

大雪不冻，惊蛰不开。

大雪兆丰年，无雪要遭殃。

今年的雪水大，明年的麦子好。

（五）节气绘本

《这就是二十四节气·大雪》

（六）关于节气的手工

1. 一起画冬

2. 创意雪花

3. 冻冰花

（七）关于节气的活动

1. 打雪仗

2. 堆雪人

（八）活动照片

大雪节气这天下雪啦

一起来打雪仗啦

二十四节气——冬至

我国古代，冬至被当作一个较大节日，不仅有"冬至大如年"的说法，而且有庆贺冬至的习俗。说到冬至节，不是每个小朋友都知道的。现代人的生活节奏太快了，一些隆重温馨，丰富有意义的传统节日习俗正在被人们淡忘和简化。因此通过开展此活动，进一步让孩子了解了中国的传统习俗。

一、活动目标

1. 认识我国传统的冬至节气，知道冬至节气的时间和由来。

2. 了解简单的大雪文化，知道大雪的节气特征和习俗。

3. 喜欢参与大雪的节气活动。

二、活动内容

（一）节气由来

冬至为二十四节气之一，并且是最重要的节气之一。冬至是按天文划分的节气，古称"日短""日短至"。冬至这天，太阳位于黄经270度，阳光几乎直射南回归线，是北半球一年中白昼最短的一天，相应的，南半球在冬至日时白昼全年最长。

冬至过节源于汉代，盛于唐宋，相沿至今。《清嘉录》甚至有"冬至大如年"之说。这表明古人对冬至十分重视。人们认为冬至是阴阳二气的自然转化，是上天赐予的福气。汉朝以冬至为"冬节"，官府要举行祝贺仪式称为"贺冬"，例行放假。《后汉书》中有这样的记载："冬至前后，君子安身静体，百官绝事，不听政，择吉辰而后省事。"所以这天朝廷上下要放假休息，军队待命，边塞闭关，商旅停业，亲朋各以美食相赠，相互拜访，欢乐地过一个"安身静体"的节日。

（二）节气气候特点

日照时间短，天文学上把"冬至"规定为北半球冬季的开始，冬至日是一年中白天时间最短的一天。过了冬至以后，太阳直射点逐渐向北移动，北半球白天逐渐变长，夜间逐渐变短。

气温下降，冬至这天我国北方大部地区气温普遍在0℃以下，而南方大部地区也只有6℃至8℃左右；东北大地千里冰封，琼装玉琢；黄淮地区常常是银装素裹；江南地区冬作物仍继续生长；而华南沿海的气温通常在10℃以上。

我国古人将冬至分为三候："一候蚯蚓结；二候麋角解；三候水泉动。"传说蚯蚓是阴曲阳伸的生物，此时阳气虽已生长，但阴气仍然十分强盛，土中的蚯蚓仍然蜷缩着身体；麋与鹿同科，却阴阳不同，古人认为麋的角朝后生，所以以为阴，而冬至一阳生，麋感阴气渐退而解角；由于阳气初生，所以此时山中的泉水可以流动并且温热。

（三）节气习俗

1. 九九消寒

入九以后，有些文人、士大夫者流，搞所谓消寒活动，择一"九"日，相约九人饮酒（"酒"与"九"谐音），席上用九碟九碗，成桌者用"花九件"席，以取九九消寒之意。

2. 冬至吃羊肉

在四川，有冬至节吃羊肉等滋补食品"进补"的习惯，在晚上吃羊肉、喝羊肉汤来暖身驱寒，以求来年有一个好兆头。吃冬至团、冬至祭祖、吃豆面团、吃羊肉。

3. 冬至吃饺子

我国北方大部分地区在这一天要吃饺子也因为饺子有"消寒"之意，至今民间还流传着"冬至不端饺子碗，冻掉耳朵没人管"的民谚。而南方则是吃汤圆，当然也有例外，如在山东滕州等地冬至习惯叫作数九，流行过数九当天喝羊肉汤的习俗，寓意驱除寒冷之意。

4. 冬至话养生

（1）注意防寒保暖，要及时增添衣服，衣裤既要保暖性能好，又要柔软宽松，不宜穿得过紧，以利血液流畅。

（2）合理调节饮食起居，保持良好的心境，情绪要稳定、愉快，切忌发怒、急躁和精神抑郁。

（3）进行适当的御寒锻炼，如平时坚持用冷水洗脸等，提高机体对寒冷的适应性和耐寒能力。

（4）适量进补，冬至时节天气寒冷，人体需要足够的能量来抵御寒冷，而肉类含有丰富的蛋白质、碳水化合物和脂肪，有补气活血，温中暖下的功效，是进补的佳品。

（四）节气的古诗和谚语

1. 古诗

小　至

杜　甫

天时人事日相催，冬至阳生春又来。
刺绣五纹添弱线，吹葭六管动飞灰。
岸容待腊将舒柳，山意冲寒欲放梅。
云物不殊乡国异，教儿且覆掌中杯。

冬至日独游吉祥寺

苏　轼

井底微阳回未回，萧萧寒雨湿枯荄。
何人更似苏夫子，不是花时肯独来。

2. 农谚

清爽冬至邋遢年，邋遢冬至清爽年。
冬至晴，正月雨；冬至雨，正月晴。
冬至晴，新年雨，中秋有雨冬至晴。
冬至晴，新年雨；冬至雨，新年晴。
冬至冷，春节暖；冬至暖，春节冷。

冬至不冷，夏至不热。

冬至西北风，来年干一春。

（五）节气绘本

《这就是二十四节气·冬至》

（六）关于节气的手工

1. 制作糖葫芦

2. 制作九九消寒图

（七）关于节气的活动

1. 包饺子

2. 做汤圆

（八）活动照片

　　　　　一起来擀皮　　　　　　　冬至水饺我来包

二十四节气——小寒

"小寒已近手难舒，终日掩门深闭庐。""小寒"是二十四节气中的第二十三个节气，也是冬季中的第五个节气，这一节气也标志着我国气候开始进入一年中最寒冷的时段。

一、活动目标

1. 知道小寒节气的时间和由来。

2. 了解简单的小寒文化，知道小寒的节气特征和习俗。

3. 喜欢参与小寒的节气活动。

二、活动内容

（一）节气由来

小寒是二十四节气中的第二十三个节气，是干支历子月的结束以及丑月的起始，时间是在公历 1 月 5—7 日之间，太阳位于黄经 285 度。对于中国而言，这时正值"三九"前后，小寒标志着开始进入一年中最寒冷的日子。《月令七十二候集解》："十二月节，月初寒尚小，故云，月半则大矣。"

（二）节气气候特点

小寒时节，我国大部分地区已进入严寒时期，土壤冻结，河流封冻，加之北方冷空气不断南下，天气寒冷，人们叫作"数九寒天"。在我国南方虽然没有北方峻冷凛冽，但是气温亦明显下降。在南方最寒冷的时候是小寒及雨水和惊蛰之间这两个时段。小寒时是干冷，而雨水后是湿冷。

俗话说"冷在三九，热在三伏"，小寒与冬季"数九"中的三九相交，因此进入小寒也意味着进入一年中最冷的时候。天寒地冻，阳气萌动，候鸟大雁顺阳气而活动，此时出现北飞迹象；喜鹊是感阳气萌动而筑巢的留鸟，小寒开始筑巢穴，并将巢门南开，以躲避北方寒风侵袭。这些物候提醒人们小寒的到来，开始本节气内的生产农事与生活等。

（三）节气习俗

1. 九九消寒，每天一笔

每年冬至节前挂在室内，从头九第一天开始填起，逐日填廓，每天一笔。每填写完一字，便过一九，句成而九九八十一天尽。小寒节气正值三九严寒，所以"画图数九"的民俗与小寒节气有着密切关系。

2. 小寒至，腊八临

小寒节气中，将迎来腊八节。腊八为新年的前奏，腊八节要喝腊八粥。过了腊八，春节的序幕也就拉开了，人们开始忙着写春联、剪窗花，赶集买年画、彩灯、鞭炮、香火等，陆续为春节做准备。

3. 特色运动

俗话说，"小寒大寒，冷成冰团"。人们在小寒季节里有一套特色的体育锻炼方式，如跳绳、踢毽子、滚铁环、挤油渣渣（靠着墙壁相互挤）、斗鸡（盘起一脚，一脚独立，相互对斗）等。如果遇到下雪，则更是欢呼雀跃，打雪仗、堆雪人，很快就会全身暖和，血脉通畅。

4. 小寒养生

（1）生活上，小寒之前要做好防寒抗寒准备，储存食物，准备衣物，小寒一到，要做好日常保暖。

（2）小寒时节以进补为主，也是进补的最佳时节，在饮食上可多吃羊肉、牛肉、芝麻、核桃、杏仁、瓜子、花生、榛子、松子、葡萄干等，也可结合药膳进行调补。如山药羊肉汤、太子参炖鹌鹑、远志枣仁粥、山药枸杞蒸鸡、首乌煲鸡蛋等。

（3）在这干冷的日子里，宜多进行户外的运动，如早晨的慢跑、跳绳、踢毽等。还要在精神上静神少虑、畅达乐观，不为琐事劳神，心态平和，增添乐趣。

（四）节气的古诗和谚语

1. 古诗

小寒食舟中作

杜　甫

佳辰强饮食犹寒，隐几萧条戴鹖冠。
春水船如天上坐，老年花似雾中看。
娟娟戏蝶过闲幔，片片轻鸥下急湍。
云白山青万余里，愁看直北是长安。

微 雨

陆 游

晴后气殊浊，黄昏月尚明。
忽吹微雨过，便觉小寒生。
树杪雀初定，草根虫已鸣。
呼童取半臂，吾欲傍阶行。

2. 农谚

小寒到，梅花开，进三九，天更寒。
玩冰雪，笑开颜，腊八粥，喝几天。
太阳升，来锻炼，防寒服，身上穿。
冷在三九，热在中伏。
腊七腊八，冻死旱鸭。
腊七腊八，冻裂脚丫。

（五）节气绘本

《这就是二十四节气·小寒》

（六）关于节气的手工

创意梅花。

（七）关于节气的活动

1. 欢乐斗鸡：幼儿单脚站立，双手抱另一腿，两两幼儿比赛。

2. 松鼠过冬、南北迁徙、打雪仗。

（八）活动照片

斗　鸡

画梅花

赏　雪

创意手套

二十四节气——大寒

　　大寒是二十四节气的最后一个节气，意味着农历新年的最后阶段，新生的春天即将到来。物极必反，是为大寒。大寒节气极有象征意义，大寒是冬藏的完成阶段，下一个节气就是立春了，天地人的演进有一种跟随递进的序列。这是自然的节奏，也是我们人们起居有常的依据，了解节气，就是在亲近自然，认知生活。我们带着孩子了解节气的由来，并亲手制作新年的装饰，迎接新的开始，感受节日的气氛。

一、活动目标

1. 知道大寒节气的时间和由来。

2. 了解简单的大寒文化，知道大寒的节气特征和习俗。

3. 喜欢参与大寒的节气活动。

二、活动内容

（一）节气由来

　　大寒，是全年二十四节气中的最后一个节气。每年公历1月20日前后，太阳到达黄经300度时，即为大寒。同小寒一样，大寒也是表示天气寒冷程度的节气。民谚云："小寒大寒，无风自寒。"大寒在传统节气中是极冷的时节。在我国部分地区，大寒不如小寒冷，但在我国南方沿海一带，全年最低气温仍然会出现在大寒节气内。这时寒潮南下频繁，是我国大部分地区一年中的最冷时期，风大，低温，地面积雪不化，呈现出冰天雪地、天寒地冻的严寒景象。

（二）节气气候特点

大寒是表示天气寒冷程度的节气。"小寒大寒，冷成一团"的谚语，说明大寒节气也是一年中的寒冷时期。同时，大寒也是一年中降水最少的节气。

我国古代将大寒分为三候："一候鸡乳；二候征鸟厉疾；三候水泽腹坚。"就是说到大寒节气便可以孵小鸡了；而鹰隼之类的征鸟，却正处于捕食能力极强的状态中，盘旋于空中到处寻找食物，以补充身体的能量抵御严寒；在一年的最后五天内，水域中的冰一直冻到水中央，且最结实、最厚。

（三）节气习俗

作为最后一个月"腊月"中的最后一个节气大寒，虽是农闲时节，但家家都在"忙"——忙过年，此即"大寒迎年"的风俗。所谓"大寒迎年"，就是大寒至农历新年这段时间，民间会有一系列活动，归纳起来至少有十大风俗，分别是："食糯""喝粥""纵饮""做牙""扫尘""糊窗""蒸供""赶婚""赶集""洗浴"等。

"食糯"，就是大寒节气这天，古人流行吃糯米制作的食物。

　　"喝粥"，即俗话说的"喝腊八粥"，腊月逢八日喝粥风俗由来已久，这种粥由米、豆、枣、莲、花生、枸杞、栗子、果仁、桂圆、葡萄干、核桃仁等放一起熬制而成。

　　"纵饮"，指放开宴乐，纵情喝酒。

　　"做牙"，亦称"做牙祭"，原本是祭祀土地公公的仪式，俗称的美餐一顿为"打牙祭"即由此而来。做牙有"头牙"和"尾牙"的讲究，头牙在农历的二月二，尾牙则在腊月十六，全家坐一起"食尾牙"。

　　"除尘"，又称"除陈""打尘"，就是大扫除："家家刷墙，扫除不祥"，把穷运扫除掉；反之，"腊月不除尘，来年招瘟神。"除尘一般放在腊月二十三、二十四进行，即"祭灶"日，除尘时要忌言语，讲究"闷声发财"。

　　"糊窗"，就是用新纸裱糊窗户，"糊窗户，换吉祥"。为了美观，有的人家会剪一些吉祥图案贴在窗户上，故又称"贴窗花"，一般放在腊月二十五进行。

　　"蒸供"，就是准备祭祀用的供品，过去供奉用的糕点、饽饽、馒头都是用面蒸制的，故称。

　　"赶婚"，迷信说腊月底诸神上天"汇报一年工作情况"去了，这时的人间百无禁忌，赶在这时婚娶不用挑日子，又是农闲，所以旧时民间景象是"岁晏乡村嫁娶忙"。

　　"赶集"，即传统的赶年集，购买腊祭用品，置办年货。

　　"洗浴"，与"除尘"有相同用意，是搞好个人卫生，寓意洗去一年烦恼和晦气。

（四）节气的古诗和谚语

1. 古诗

大　寒

左河水

蜡树银山炫皎光，朔风独啸静三江。

老农犹喜高天雪，况有来年麦果香。

和仲蒙夜坐

文　同

宿鸟惊飞断雁号，独凭幽几静尘劳。

风鸣北户霜威重，云压南山雪意高。

少睡始知茶效力，大寒须遣酒争豪。

砚冰已合灯花老，犹对群书拥敝袍。

2. 农谚

大寒不寒，春分不暖。

大寒见三白，农人衣食足。

过了大寒，又是一年（农历）。

小寒大寒冻成一团。

该冷不冷，不成年景。

（五）节气绘本

《这就是二十四节气·大寒》

（六）关于节气的手工

1. 一起做新年装饰：剪窗花等

2. 一起做冰花

（七）关于节气的活动

1. 打年糕

2. 滑冰

（八）活动照片

喝腊八粥　　　　　　　　　　　　　　　　腌腊八蒜

八宝食材创意画制作　　　看我们腌的腊八蒜口味多不多